O FASCÍNIO DO
NEOPOPULISMO

Vilmar Rocha

O FASCÍNIO DO
NEOPOPULISMO

INSTITUTO
TANCREDO NEVES

TOPBOOKS

Copyright © 2007 Vilmar Rocha

Direitos de edição da obra em língua portuguesa no Brasil adquiridos pela TOPBOOKS EDITORA. Todos os direitos reservados. Nenhuma parte desta obra pode ser apropriada e estocada em sistema de banco de dados ou processo similar, em qualquer forma ou meio, seja eletrônico, de fotocópia, gravação etc., sem a permissão do detentor do copyright.

Editor
José Mario Pereira

Editora Assistente
Christine Ajuz

Revisão
Durval Barros

Capa
Júlio Moreira

Diagramação
Arte das Letras

TODOS OS DIREITOS RESERVADOS POR
Topbooks Editora e Distribuidora de Livros Ltda.
Rua Visconde de Inhaúma, 58 / gr. 203 – Centro
Rio de Janeiro – CEP: 20091-000
Telefax: (21) 2233-8718 e 2283-1039
E-mail: topbooks@topbooks.com.br

Visite o site da editora para mais informações
www.topbooks.com.br

SUMÁRIO

I – POPULISMO E NEOPOPULISMO: SEMELHANÇAS
 E DIFERENÇAS 9
II – A ATUALIDADE 29
 A situação da América Latina 31
 O dilema 38
III – UM NOME À PROCURA DA COISA 43
 Os sentidos do populismo 46
 A era getulista 49
IV – A APROPRIAÇÃO MARXISTA 67
 O marco marxista 69
 A variante mexicana 79
 Uma social-democracia latino-americana? 85
V – O POPULISMO EM QUESTÃO 95
 Populismo econômico 101
 Populismo e neopopulismo 105
 A repercussão partidária 108
CONCLUSÃO 113

Capítulo I

Populismo e Neopopulismo: Semelhanças e Diferenças

A democracia está em perigo. De novo uma ameaça conspira para a desestabilização da liberdade na América Latina. No passado, a ameaça tinha uma dupla face: de um lado, o golpe militar, o autoritarismo, a ditadura; de outro, o populismo. Atualmente não existem condições políticas, no Brasil e em grande parte da América Latina, para um golpe militar, para uma ditadura, para um regime forte. Um populismo tradicional ao estilo peronista ou getulista também parece descartado pela falta de ambiente para governos autoritários. O risco é outro, e seus caminhos são bem mais sutis.

Populismo é um conceito que termina por recobrir diferentes movimentos políticos da América Latina e do Brasil em particular. Se observarmos as experiências de Perón e de Vargas e as compararmos com as de Evo Morales e de Hugo Chávez, veremos que os pontos comuns talvez não sejam maiores que os de divergência. Morales e Chávez incorporam a influência do marxismo em suas diferentes acepções, cortejam Fidel Castro e cultivam a reverência a Che Guevara. Perón e Vargas, conservadores sociais, no fundo considerariam exóticas tais preferências. Não é possível, contudo, identificar o populismo latino-americano com as políticas clássicas de esquerda, mesmo porque os marxistas nunca aceitaram tal proximidade. Os pobres — a base do populismo — não são os operários da doutrina marxista e nem são exatamente revolucionários, como querem os leninistas. É verdade que nem sempre se pode escolher, e os comunistas e socialistas, mesmo quando incertos do caráter desses políticos populistas, decidem por vezes partilhar o caminho, por motivos táticos ou puro oportunismo. Afinal, a queda do Muro e o fim do socialismo real dissolveram muitas dessas identidades. O socialista de ontem pode se ver bem confortável no aparato de poder de um neopopulista. Mas um não explica o outro.

Merece, pois, um exame mais detido a construção do vínculo de Chávez, por exemplo, com a esquerda. Como depois de uma origem militar e caudilhesca, um anátema para socialistas e comunistas latino-americanos, pode ele hoje ser considerado um exemplo para essas mesmas correntes políticas? Como se explica a evolução ocorrida desde a célebre reunião do chamado "Foro de São Paulo", em El Salvador, em 1996, quando os líderes da esquerda latino-americana nem ao menos cumprimentaram Chávez, para os dias que vão, quando não faltam vozes para clamar seu nome? Para responder a essas questões, precisamos, em primeiro lugar, verificar a existência de duas esquerdas na América Latina. É fácil notar, então, que suas versões mais modernas tendem a encarar Chávez com a reserva de sempre, e são os velhos marxistas e esquerdistas que se incorporam ao coro de aprovação a Chávez. Em segundo lugar, é preciso notar o que se espera de Chávez — se é a realização dos objetivos "sociais" do marxismo ou se uma revolução de ocasião que socialistas latino-americanos teriam interesse em apoiar com a esperança de influir nos seus rumos. Esses dois critérios, aliás, podem ajudar bastante na avaliação de posturas do PT e também do PSOL, que em alguns dos seus documentos oficiais dedicam páginas à exaltação do presidente da Venezuela.

Na verdade, produz-se uma junção de interesses impossível no passado. Os marxistas hoje sabem que não têm condições de promover a revolução que idealizaram e por isso muitos se conformam com os regimes populares em operação. Os populistas, por sua vez, não temem mais os socialistas e podem mesmo aproveitar-se de suas tintas ideológicas para decorar regimes sem muita imaginação. Nesse terreno brota uma certa identificação entre Lula, Chávez e Morales. Ela é a fonte do que poderíamos chamar de neopopulismo. Assim pode ser explicado, por exemplo, o renovado interesse pelo patrocínio político de figuras como Fidel Castro por parte de governos, como os de Chávez e Morales, que se pretendem baseados no voto popular e em aspirações democráticas. Ou a mistura entre lideranças carismáticas — ao estilo de Vargas — e vagas aspirações socialistas baseadas no modelo de Cuba. Pode parecer curioso, à vista do passado, que Chávez e Morales se apresentem como novas forças ancoradas na figura de Fidel,[1] e não na de Getúlio.

Para deixar mais claro o ponto em questão, que, será retomado no primeiro capítulo, observemos que hoje há duas correntes de esquerda na América Latina, uma moderna, na linha da social-democracia, e uma anacrônica, que relança posturas do socialismo revolucionário. A primeira se apresenta com a experiência do Chile, de Michelle Bachelet, em que a existência da economia de mercado e a participação nos fluxos da globalização são reconhecidas como necessárias para a defesa dos interesses nacionais.. Há, sobretudo, a plena aceitação das regras do jogo da democracia representativa e do estado de direito. A segunda corrente, não reciclada e acomodada pragmaticamente e tacitamente a novas conjunturas possíveis de poder, retoma, ou convive com práticas nacionalistas e populistas.

---

[1] Um autor como Enrique Krause chega a identificar a liderança de Chávez à de Fidel ao tentar converter a Venezuela em uma colônia socialista. O *Estado de São Paulo*, 15 de abril de 2006.

Essa diferença entre a esquerda moderna e a anacrônica se reforça quando se comparam as políticas adotadas pela corrente moderna com posições ainda visíveis no Brasil. Torna-se evidente que os setores situacionistas da esquerda brasileira não se reciclaram, tendo apenas se acomodado pragmaticamente ou taticamente à nova situação de poder que usufruem desde a eleição de Lula. São perfeitamente capazes de conviver com práticas populistas, neopopulistas ou nacionalistas bem ao gosto de Chávez e de Morales, por exemplo.

Não é impossível, portanto, que o neopopulismo seja apresentado, em algum momento, como uma transição ao socialismo e exerça influência sobre uma esquerda desnorteada desde a queda do Muro de Berlim. A história, entretanto, nos mostra que experiências nessa linha podem exigir de nações décadas para se reconstruírem.

Enquanto isso, de forma consistente, a esquerda moderna, identificada com a social-democracia, vai incorporando uma série de elementos do liberalismo, do respeito ao estado de direito e às regras do mercado.

No Brasil, a esquerda ainda não concluiu uma escolha. Há segmentos que se identificam com a esquerda moderna e outros que continuam atrelados a conceitos anacrônicos do marxismo, leninismo e do socialismo revolucionário (ou autoritário). Eis por que é da maior importância a consciência acerca do rumo que se pretende dar à vida política do País.

Lula, decerto, não se enquadra no modelo de Getúlio, embora assuma a imagem de pai protetor, de tipo assistencialista. Ainda assim, ele utiliza essa imagem para ancorar a sua posição de poder, sem abandonar as idéias do velho socialismo. É um balanço delicado. O velho populismo está morto, um longo percurso histórico foi feito, e o Brasil se modernizou. Existem uma sociedade civil atuante e meios de comunicação livres. É uma sociedade, contudo, ainda vulnerável, marcada por grande desigualdade, e partes do PT estão convencidas de que medidas de cunho populista podem conduzir a uma política de transição para o socialismo. Há os que não compartilham totalmente esse objetivo, mas compartilham pelo menos o propósito essencial da conservação do poder.

Dessa forma, resistem, abrigados no PT, setores apegados aos dogmas da velha esquerda, apesar de todas as evidências recentes de mudanças. Essa linha de pensamento e ação encontra expressão em personagens, entre eles Lula, que têm pela formação e história, identidade populista e retórica nacionalista, com traços autoritários na condução dos assuntos públicos..

A vitória "romântica" da guerrilha em Cuba criou a visão imaginária da conquista do poder por meios não-democráticos em nome de ideais superiores. Che Guevara continua sendo um mito e um mártir político, apesar das duras realidades que cercaram seu nome como governante no mundo real.

Devemos dizê-lo com todas as letras: há um projeto populista de esquerda em curso que teima em tentar retomar na América Latina caminhos e experiências socialistas. Em países como o Brasil, o projeto populista seria o primeiro passo, a solução de compromisso, antes de uma definição socialista mais aberta. Por isso, deve ser chamado neopopulismo. Não se trata mais, como no passado, de distribuir dinheiro aos pobres para acalmar as massas. Parte da esquerda acredita que essa primeira "inclusão" serviria, sobretudo, para mobilizar os cidadãos e minar as políticas de reforma do Estado e da economia. Seria preciso primeiro travar as engrenagens da mudança e, depois, revertê-las. Para várias correntes do PT, o socialismo é a meta, apesar de não existirem atualmente condições políticas para que uma experiência desse tipo possa vingar.

É como se fosse uma tardia reconciliação entre Luiz Carlos Prestes e Getúlio Vargas. Embora Getúlio estivesse muito longe de qualquer matiz marxista, assim como seu governo, Prestes e os velhos comunistas buscaram conviver com o presidente porque achavam que, dentro dessa linha populista e graças a essa convivência, eles poderiam chegar às grandes massas, aos pobres, e, possivelmente, encontrar um caminho para a transição ao socialismo. É a mesma sedução do governo Jango. A diferença, agora, é que não há mais revolução socialista a cumprir. A velha frase de Prestes ("nós já chegamos ao governo, mas não chegamos ao poder") ganha outra fórmula: chegar ao poder é chegar ao governo. As experiências neopopulistas, portanto, não são ingênuas. Elas têm um objetivo e um trajeto. Elas começam por um processo de enfraquecimento das instituições representativas, de distorção e de decepção com a democracia, e pelo fortalecimento de uma liderança carismática que se posiciona acima do sistema representativo. Como observou o ex-presidente Fernando Henrique Cardoso: "O populismo é uma forma insidiosa de exercício de poder que se define essencialmente por prescindir da mediação das instituições, do Congresso, dos partidos, e por basear-se na ligação direta do governante com as massas, cimentada na troca de benesses."[2]

É importante assinalar, assim, que uma situação de crise permanente é do mais alto interesse da liderança neopopulista, devendo ela até trabalhar para instaurá-la. Na crise, há uma perda dos pontos de referência, os poderes Legislativo e Judiciário perdem a sua estabilidade e solidez, tornando-se reféns desse processo. Isso já ocorreu na Venezuela e na Bolívia. O Brasil, desde 2004, vem passando por períodos de crise e de desmoralização das instituições democráticas, em grande parte por ação do governo.

O próximo passo é promover o conflito de classes sob a forma de uma oposição entre "o povo" e "as elites", como

---

[2] Artigo de Fernando Henrique. *O Estado de S. Paulo*, A2, 4 de junho de 2006.

têm feito setores identificados com o PT. Outra modalidade de identificação se faz pela constituição de inimigos externos, como, no passado, o FMI e, hoje, a Alca e os Estados Unidos. Internamente, correntes do MST e de outros movimentos sociais sustentam a imagem de uma sociedade em crise, permanentemente instável.

Enquadra-se nessa lógica a ação realizada em 2006, poucos dias antes do lançamento oficial da candidatura de Lula, por 1.300 manifestantes, de um grupo dissidente do MST, o Movimento da Libertação dos Trabalhadores Rurais Sem-Terra — MLST —, que invadiram e depredaram o prédio da Câmara dos Deputados, em Brasília. O grupo foi liderado por Bruno Maranhão, filiado ao PT, próximo ao presidente Lula e também integrante da Comissão Executiva Nacional e Secretário de Movimentos Sociais do partido.

Assim, pois, está sendo construída a confluência de duas tradições, na América Latina e no Brasil em particular: a nacional populista, de um lado, e a marxista revolucionária, de outro. Seus governos podem, de acordo com a correlação de forças vigentes, apoiarem-se mais em uma ou outra vertente. Tal é o segredo que subjaz ao neopopulismo.

Populismo e neopopulismo: semelhanças e diferenças

Identificar o significado do populismo em cada época e suas implicações para a sociedade e para o país é crucial para antecipar seu impacto negativo e informar a opinião pública. A tarefa necessariamente começa pela análise das semelhanças e diferenças entre o populismo tradicional e o neopopulismo, pelas razões do ressurgimento desse fenômeno. Depois, trata-se de encontrar alternativas a sua imposição à sociedade.

Em outro livro de minha autoria, assinalo que "o populismo pode ser uma ideologia integradora, anticorpo de rupturas, à medida que, nele, quando em sua versão não-radical, o príncipe medeia a relação entre classes sociais que se digladiam asperamente para anunciar o risco de triunfo de um interesse contra todos os outros".[3] O problema, porém, consiste em que o neopopulismo, ao contrário do populismo tradicional, baseia-se na decomposição das classes sociais, aproveitando-se do substrato inorgânico e difuso das camadas populares.

Enquanto o populismo tradicional baseava-se na integração dos trabalhadores ao mercado e na sua participação política via sindicatos — mesmo que controlados e sustentados pelo governo —, o neopopulismo se alimenta dos processos de desestruturação social ou da cooptação partidária da instância sindical. Mais importante do que os trabalhadores são os desempregados, por exemplo, que se tornam uma clientela propriamente política. O neopo-

---

[3] Rocha, Vilmar. O *liberalismo social: uma visão doutrinária*. Massao Ohno, São Paulo: 1998.

pulismo viceja na manutenção de um ambiente em que o desempregado fica desempregado, sendo assistido pelo Estado.

Impõe-se, aqui, a distinção entre um governo populista e um governo popular. O governo popular procura atender às demandas sociais com políticas públicas integradoras, oferta de trabalho e aumento da renda.

Nessa ótica, cabe a questão: o governo Juscelino foi populista ou popular? Ele procurava alinhar as políticas públicas a um projeto de desenvolvimento integrador dos trabalhadores, seguindo as regras da democracia representativa. Na verdade, esse tipo de governo procura atender às demandas, mas de forma consistente, oferecendo salário, oportunidades, trabalho, como no caso da indústria automobilística, e não pela exacerbação de uma política assistencialista. A resposta, portanto, é que JK fez um governo popular, mas não populista.

O populismo tem como primeira característica apoiar-se em líderes messiânicos, carismáticos, que, pelo uso da palavra e da demagogia, estabelecem uma relação direta com as massas, relação essa que prescinde de qualquer mediação parlamentar, representativa.

Lula apresenta-se, freqüentemente, como um líder apoiado no carisma, que teria a função de salvar os trabalhadores e os que vivem na miséria. Esses traços são nítidos em seu discurso quando sugere, inclusive, que a história e o processo político brasileiro começam com ele. Ao utilizar frases do tipo: "Nunca neste país..." "Pela primeira vez neste país...", ele deixa clara a sua pretensão messiânica. Por outro lado, o compromisso com o seu próprio governo é variável, assumindo responsabilidades de acordo com as circunstâncias ou delas se distanciando.

Outro traço que caracteriza o populismo na América Latina reside no seu discreto autoritarismo. Sua principal forma de expressão consiste em prescindir de partidos fortemente estruturados. O partido funciona como uma mera correia de transmissão, totalmente controlado e enquadrado pela liderança carismática.

Essa liderança pode também colocar-se à frente de uma rede de movimentos sociais, enfraquecendo a consolidação de um sistema representativo. Vejamos isso mais detalhadamente.

O governo populista — em sua versão neo ou tradicional — não consegue conviver bem com a representação e a mediação. Enquadra-se nesse perfil, por exemplo, a instauração pelo governo Lula de colegiados, como o Conselho de Desenvolvimento Econômico e Social, que procuram desempenhar funções da representação parlamentar, de mediação entre a sociedade e o Estado. Como hoje, ao contrário da época de Getúlio, não há ambiente para fechar instituições, a idéia é desvirtuá-las. Temos aqui, portanto, um primeiro ponto: um dos caminhos para superar-se essa recorrência do populismo na América Latina é o fortalecimento da democracia representativa e dos partidos políticos, visto que devem ser eles os moderadores, o antídoto, portanto, contra a imposição direta de decisões do Executivo à sociedade, a legitimação direta do líder carismático junto às massas.

É importante observar que um aspecto específico do neopopulismo reside na manutenção das formalidades democráticas com enfraquecimento simultâneo das instituições. Isso se aplica ao Brasil, por exemplo, no enfraquecimento do Poder Legislativo pela compra do voto e cooptação de diversos deputados, através do chamado "mensalão". Enquanto o populismo de Vargas e Perón, em determinados momentos, assumiu caráter de ditadura, os neopopulistas se dizem democratas. Assim, tivemos "ditaduras populistas" e agora temos "democracias neopopulistas". Esse é o paradoxo.

O neopopulismo mantém as formalidades democráticas: as eleições ocorrem regularmente, o Congresso aparentemente delibera, mas essas instituições são distorcidas e moldadas de acordo com os interesses das lideranças. O neopopulismo se diferencia, a esse respeito, do populismo tradicional, porque este, ao se legitimar pelas massas, pelo apoio popular, tinha o poder — e o exercia — de fechar o Congresso, de intervir no Poder Judiciário, de controlar os meios de comunicação. Diante da impossibilidade atual dessas medidas, sobretudo pela pressão internacional e pela mobilização da opinião pública, o neopopulismo é mais sofisticado em sua operação. A culminação desse processo poderá consistir no estabelecimento de uma nova espécie de autoritarismo: a democracia sem democracia.

Tal projeto encontraria evidentemente uma forte resistência, pois o Brasil, hoje, tem instituições sólidas e uma sociedade atenta, e já bastante mobilizada contra excessos no exercício do poder. Muito tempo – tempo precioso – seria, contudo, perdido nesse embate. Veríamos a repetição de episódios com o caso do repórter do *New York Times*, Larry Rohter, que foi quase expulso do Brasil por qualificar Lula de bêbado, ou na tentativa de criação do Conselho Federal de Jornalismo, com o intuito de moldar e tutelar a mídia. Comprar ou alugar deputados não deixa de ser uma maneira de dissolver o Congresso. Intervir politicamente nos processos decisórios de agências reguladoras é um modo autoritário de exercício do poder. Assim, o neopopulismo deforma e subverte instituições democráticas, mantendo-as formalmente pelo temor da hegemonia das idéias democráticas.

Passemos, então, à indicação das condições sociais em que emergem o populismo e à compreensão dos mecanismos que constituem esse fenômeno.

O neopopulismo vive de demandas sociais não-atendidas, inevitáveis, dada a situação de miséria em que vive boa parte da população dos Estados latino-americanos. Como os regimes existentes têm sido incapazes de resolver a questão social, propostas de tipo socialista ou populista continuam atraentes — é um discurso de fácil aceitação, como se o Estado fosse capaz de atender a todas essas demandas. Com o advento da democracia na maior parte desses Estados, os deserdados têm no voto a ocasião de apresentar essas demandas e de exigirem respostas que são atendidas por um discurso demagógico.

Numa democracia, as instituições não têm como dar respostas rápidas e imediatas. Soluções efetivas demandam tempo e discussões complexas, políticas públicas de médio ou longo prazo, o que gera, em vastos segmentos sociais, desconfiança e insatisfação. Vastos contingentes humanos pedem soluções imediatas para problemas complexos, para desigualdades históricas. Surgem, desta maneira, asserções do tipo: "a democracia é boa, mas não tem a capacidade de resolver meus problemas imediatos".

Para preencher essa lacuna, os discursos e práticas neopopulistas se valem assim da demagogia, oferecendo ao menos a sensação de que tais demandas estão sendo satisfeitas, mesmo que permaneçam intocadas as questões propriamente estruturais. O discurso neopopulista revela forte apelo e, ao final, postergando soluções reais, alimenta o terreno onde viceja.

Como resistir ao ressurgimento do populismo?

No meu livro já citado, afirmo que "o combate ao populismo político típico da região será possível apenas com ganhos de legitimidade para os programas sociais, não com a tentativa de sua extinção direta".[4] Nesse trabalho, sugiro uma lista do que chamei de "remédios" para combater o neopopulismo, entre os quais a politização do público-alvo, a escolha de políticas e propostas visando a diminuir e evitar a expansão da pobreza, reduzindo assim a eficácia do discurso populista.

A diminuição da pobreza não se faz apenas com políticas assistencialistas como o Bolsa-Família. Daí, porém, não se segue que programas desse tipo não sejam necessários. Eles devem ser mantidos até que ocorra a implementação de uma alternativa de renda permanente para os indivíduos e famílias que se encontram em situação de pobreza. Mas não é isso o que pensa o governo articulado em torno do PT, que prefere fortalecer o clientelismo, aumentando o valor do assistencialismo, sem preocupação maior com políticas voltadas para a efetiva inclusão social e econômica de segmentos excluídos da população.

Na verdade, o melhor caminho consistiria numa política revolucionária na educação. A educação, a qualificação e o conhecimento têm duas virtudes: uma no sentido do desenvolvimento, da competitividade e da produtividade, a outra no sentido de redução da desigualdade social. A virtude da primeira reside em favorecer o crescimento e o desenvolvimento do indivíduo, transforman-

---
[4] Ibid.

do o trabalhador em uma pessoa qualificada, produzindo mais e melhor. A segunda consiste em propiciar a ascensão social desses trabalhadores, que aprendem a lutar por seus direitos. Desse modo, o desenvolvimento do indivíduo via educação é um poderoso instrumento de criação de uma efetiva igualdade de oportunidades. Cria-se, desta forma, um forte antídoto à proliferação das idéias populistas. Evidentemente, há outras políticas, como a política de crescimento econômico, de geração de emprego e renda, mas nenhuma delas é tão eficiente e abrangente, neste estágio em que nos encontramos, quanto a educação, conscientizando o indivíduo enquanto eleitor e detentor, neste sentido, do poder de decisão. Um indivíduo consciente não se constituirá numa clientela suscetível a apelos populistas.

Também há questões históricas envolvidas. No Chile, as reformas necessárias para o pleno desenvolvimento de uma economia de mercado se fizeram durante o regime militar. Os governos chilenos posteriores não tiveram de enfrentar tentações populistas, que surgem, precisamente, na articulação entre demandas sociais não-atendidas e reformas que, de um ponto de vista estrutural, devem ser feitas, produzindo inevitáveis conflitos No Brasil, por outro lado, reformas básicas, como a da previdência, deixaram de ser feitas pelo governo militar, colocando o país diante de uma bomba de efeito retardado. Depois da abertura, o processo tornou-se muito mais difícil, pois uma reforma desse tipo mexe, compreensivelmente, com interesses muito bem solidificados, de forte apelo eleitoral.

Eis, portanto, o desafio de uma liderança política democrática: viabilizar um choque de eficiência, a fim de retomar o desenvolvimento no país em bases sustentáveis. Muitas das reformas feitas no Brasil têm sido incompletas, insuficientes, e algumas nem começaram.

Sem essa condição, não há como enfrentar a questão da desigualdade e do crescimento econômico no país. A América Latina, para enfrentar o neopopulismo, precisa de mais e melhores condições de realização da democracia, além de mais e melhores reformas estruturais.

O populismo na América Latina ressurgirá sob formas muito mais perniciosas se não completarmos estruturalmente as mudanças necessárias. É preciso que o Brasil aprenda com a história, sobretudo com a história das economias desenvolvidas que passaram por essas reformas. É o caso da Inglaterra, por exemplo, onde o governo Tony Blair, beneficiário das reformas feitas por Margareth Thatcher, enfrentou esse tipo de resistência e deu início a um ciclo de prosperidade e crescimento para o seu país. É o caso da Espanha, que iniciou suas reformas durante o governo socialista democrático de Felipe González, tendo tido um desenvolvimento notável. O governo Aznar veio para completar o processo e foi, também, politicamente, o seu beneficiário.

Quem não avança pára. A Alemanha só levou a cabo essas mudanças parcialmente e segue com problemas de crescimento e de ajuste previdenciário. A França também vive seu impasse, enfrentando sérias dificuldades nas áreas previdenciária e educacional, incapaz de produzir a incorporação de imigrantes ao mercado de trabalho. Na América Latina, o Estado continua grande, deficiente, guardando a sua marca fortemente intervencionista e tutora da sociedade.

Capítulo II

A atualidade

O populismo entrou na agenda mundial. Publicações nacionais e estrangeiras estão repletas de notícias e artigos sobre o reaparecimento desse fenômeno. *The Economist*[5] publicou uma longa matéria sobre o ressurgimento da velha tradição latino-americana, que vem, agora, acompanhada de um segundo ressurgimento, o da também mundial e latino-americana tradição do socialismo autoritário. O *Le Monde*,[6] por sua vez, analisa os diferentes significados da esquerda. Sua preocupação consiste em situar de um lado o presidente Lula dentro do espectro que tem, e a presidente do Chile, Michelle Bachelet, como representante de uma esquerda moderna, voltada para a economia de mercado, a redução das desigualdades sociais e a defesa da democracia representativa, e, de outro, Hugo Chávez,

---
[5] *The Economist*, 12/04/06
[6] *Le Monde*, 13/04/2006.

Presidente da Venezuela, que procura reviver um socialismo à cubana na América Latina, criando condições para o que os seus companheiros e simpatizantes, inclusive no Brasil, denominam "transição ao socialismo".

Está, portanto, na ordem do dia uma discussão sobre a natureza desses diferentes "ressurgimentos". Afinal, é a compreensão que temos de um determinado fenômeno que nos orienta na ação e, em particular, na ação política. Se dissermos de uma determinada esquerda que ela é moderna e renovadora, a ação daí decorrente tenderá a valorizar o seu curso, considerá-lo válido não apenas para um país, mas também para toda a América Latina. Se dissermos de uma certa experiência que ela é antiga e populista, estaremos introduzindo um juízo de valor depreciativo sobre a direção de uma tal orientação política.

Mais particularmente ainda, a qualificação de um regime ou de uma determinada política como populista coloca, ainda, o problema suplementar de saber a que nos referimos, pois há distintos populismos e diferentes experiências populistas. A referência pode ser a um populismo político ou econômico, ou ainda a experiências passadas, como a de Getúlio Vargas no Brasil, Domingo Perón na Argentina ou Lázaro Cárdenas no México. O leque começa a se abrir, até que nos vemos diante da necessidade de caracterizar esses fenômenos contemporâneos como "neopopulistas", ou como "populistas de esquerda".

Pensamos ser da maior importância para o Brasil, hoje, o esclarecimento desses conceitos, pois o nosso futuro depende de uma correta análise do que está acontecendo em nosso país e nos demais países de nosso continente.

A situação da América Latina

Há sinais de um curioso encantamento com a esquerda na América Latina, da recuperação nostálgica de ideologias que aqui prosperaram nos anos 60 e 70 do século passado. O componente que mais se destaca no processo em curso é o retorno do marxismo, com tinturas locais.

Há, por exemplo, uma confluência entre a recuperação de Che Guevara como um ícone político de um lado e, de outro, as tendências messiânicas sustentadas pela história indígena ou por setores da Igreja. Nesse figurino cabem tanto o "socialismo indígena" de Evo Morales na Bolívia, quanto as ações de setores do MST no Brasil, com o apoio de certos integrantes da Comissão Pastoral da Terra.

Equívocos são freqüentemente cometidos, pois não se pode identificar a eleição de Evo Morales à de Michelle Bachelet, mesmo que ambos sejam considerados líderes de esquerda. Morales expressa a recuperação de um marxismo vulgar, pautado por sonhos de redenção política e de retorno das tradições indígenas, deformadas por 500 anos de dominação.

Bachelet, por sua vez, foi eleita por uma coalizão entre os socialistas e os democratas-cristãos, que compartilham de idéias essenciais, baseadas na valorização da propriedade privada, na liberalização do mercado e na redução do papel do Estado. Seria equivalente, no Brasil, a uma aliança entre o PSDB e o DEM, antes PFL. Logo, falar da ocorrência de uma esquerdização generalizada da política latino-americana seria um tanto impreciso.

Curioso mesmo, entretanto, é o ressurgimento da figura de Che Guevara como o "bom revolucionário". O guerrilheiro é agora identificado como uma figura romântica, em torno da qual se estaria reescrevendo a história latino-americana.

Num filme recente, *Diários de Motocicleta*, Guevara é retratado como a encarnação de um sonho, de ideais que continuariam vivos. E não é feita nenhuma menção ao seu período de dirigente revolucionário marcado pelo fuzilamento de seus adversários ou à ditadura comunista introduzida em Cuba, com a supressão das liberdades econômicas, políticas, civis, de expressão, de imprensa, de circulação. Esse tratamento na verdade, não é casual. Quando os dirigentes latino-americanos tratam do socialismo em Cuba, a "realização do sonho" nunca é analisada levando em conta as realidades. Há quase sempre uma defesa incondicional, a sugestão de que se trata de um modelo que deveria ser imitado na América Latina.

Assim fazem Chávez na Venezuela, Morales na Bolívia, segmentos dos chamados movimentos sociais e tendências do PT a eles vinculadas no Brasil. O referencial simbólico apresentado é o do guerrilheiro, o líder que segue as vias não-institucionais, que não respeita o estado de direito, que menospreza a democracia, que tudo reduz à luta de classes que deve justificar todo e qualquer tipo de ação. O guerrilheiro tornou-se o mártir da "nova Igreja"

Há o retorno de uma idéia elaborada por Engels, segundo a qual teria existido na origem da humanidade um estado idílico, em que a terra era propriedade de todos e os bens eram compartilhados coletivamente segundo as necessidades de cada um. Acrescente-se a essa formulação a Teologia da Libertação, segundo a qual Deus teria criado a terra para todos, sem a injustiça da propriedade privada, e o círculo se fecha. O estado primeiro do homem seria, desta maneira, comunitário, fraterno e comunista.

Existe mesmo uma versão indígena desse mundo, também recuperada miticamente, ao arrepio de toda a realidade, na qual os índios teriam vivido em uma sociedade baseada na propriedade coletiva, sem dominação, que teria sido completamente destruída com a chegada dos espanhóis e portugueses. Note-se, a respeito, que os estados de tipo teocrático existentes anteriormente, as formas específicas de dominação, com sacrifícios, a escravidão e outras formas comunitárias são desconsiderados.

Trata-se, a rigor, de um coquetel estranho de idéias: o comunismo primitivo na visão de Engels, o comunismo primitivo na visão de segmentos da Igreja e o comunismo primitivo na visão de indígenas hoje balizando algumas das ações políticas de maior destaque no continente. Pode-se pensar em Evo Morales na Bolívia, mas também no Conselho Indigenista no Brasil. Quando uma propriedade da Aracruz é invadida no Espírito Santo ou no Rio Grande do Sul, há toda uma ideologia justificando esse tipo de ação, que se assenta em elementos extraídos dessa conjunção teológico-ideológica e política.

A esse estado primeiro se teria seguido todo um período de decadência, baseado na introdução da propriedade privada, nas cercas que delimitaram a propriedade de cada um. Assim foi introduzido o pecado no que era antes uma organização comunitária harmoniosa, estabelecendo os princípios da discórdia e de conflitos constantes e insolúveis por bens indevidamente apropriados. Logo, a ação política que parte desse pressuposto deveria estar voltada para a recuperação e reconquista desse estado originário que teria sido perdido. Uma ação política que é também religiosa.

Por esse caminho tortuoso, a propriedade estatal termina sendo valorizada por ser equivocadamente identificada à propriedade coletiva. Assim, a estatização do solo, seja sob a forma de uma pretensa "reforma agrária", seja de uma recuperação das riquezas nacionais injustamente apropriadas por "estrangeiros", encontra o seu lugar nessa linha ideológica. Se o Brasil não fosse governado por Lula, provavelmente a Petrobras já teria sido demonizada por ser estrangeira na Bolívia e na Argentina. Basta ser estatal, entretanto, para que esses pecados originais sejam ignorados.

A reforma agrária, por sua vez, situa-se no contexto de uma luta pelo socialismo, não estando, em uma economia de mercado, voltada portanto para a melhoria das condições de vida dos camponeses. Para os seus defensores no Brasil, na Venezuela e na Bolívia, trata-se de alterar radicalmente a atual estrutura capitalista de produção. As condições de mudança do capitalismo no sentido de uma maior justiça social são francamente desprezadas, por serem meramente reformistas. Ocorre, nesse assunto, uma identificação entre valores humanistas e socialistas, como se os adversários da reforma agrária fossem "subumanos" ou "anti-humanos". Entendem-se, assim, melhor as invasões de propriedades rurais altamente produtivas, que são objeto desse tipo de violência. O cultivo de árvores por grandes grupos da área da celulose, por exemplo, tornou-se um alvo dessas ações.

Não importa que a propriedade esteja produzindo bem, com eficiência, e que os fazendeiros tratem bem seus empregados. Não importa, porque a propriedade é privada, é capitalista. A meta não é a produção ou a produtividade, ou o aumento do emprego na área rural, ou mesmo as justas condições de trabalho no campo. A meta é a ocupação em si, como forma de expressão de uma ideologia. Essa ação política é enfocada na perspectiva da luta de classes, que tudo perpassa, inclusive a estrutura jurídica da sociedade. Vista sob essa ótica, a lei nada mais seria do que um reflexo das ações das classes dominantes. O desprezo pela democracia é uma resultante dessa peculiar conceituação do estado de direito, como se esse nada mais fosse do que um arcabouço da dominação dos "latifundiários". Note-se que a democracia é tida como uma forma meramente instrumental, um meio de conquista do poder, com a subseqüente supressão de suas condições de existência, tais como respeito às regras, independência dos poderes Legislativo e Judiciário em relação ao Executivo, liberdade de expressão, de organização, de circulação e outras. Um processo desse tipo, em que, a democracia não é um fim em si mesma, mas uma escada que, uma vez utilizada, pode ser descartada, está particularmente visível na Venezuela.

Nesse quadro, há também o retorno de formas de nacionalismo enraizadas no populismo econômico e político — o grande responsável pelo atraso latino-americano. Em lugar de consideradas causas da atual situação, elas são novamente apresentadas como sua solução, no contexto de uma luta antiimperialista. Essa formulação segue presente em vários países latino-americanos, que continuam preferindo atribuir a responsabilidade de seus males ao bode expiatório histórico — os EUA. A Argentina, em sua tradição peronista, é o país que melhor exemplifica esse tipo de processo político. Observe-se ainda que esse nacionalismo não é exclusividade da esquerda. No Peru, o candidato presidencial Humala, derrotado nas eleições de 2006, tido como de "direita", também sustentava teses "antiimperialistas", de conotações indígenas. A emergência nacionalista pode ainda ser detectada no Brasil (política externa terceiro-mundista), na Venezuela (pregação bolivariana) e na Argentina ("recuperação nacional"). Trata-se de um nacionalismo de resultados. Em vários países, empresas estatais estão sendo recriadas e, em outros, ganhando maiores dimensões, afastando-se do horizonte imediato a possibilidade de novas privatizações. Privatizações, nessa perspectiva, são consideradas quase como crimes de lesa-pátria. Com a política de crescente estatização, os recursos do tesouro público podem ser destinados a um programa X ou Y, ou a um país W ou Z, de acordo com as conveniências de momento. As instituições republicanas, nessa perspectiva, seriam mero estorvo para esse tipo de projeto político, e a democracia representativa, substituída ou "complementada" por formas de democracia, ditas direta, ou participativa ou protagônica, que são nada mais do que instrumentos para a consecução desse tipo de projeto político.

O dilema

Dois fatos são elucidativos dos desafios que a América Latina deve enfrentar nos próximos anos: a nacionalização do petróleo e do gás na Bolívia e a intenção uruguaia de eventualmente abandonar o Mercosul. Ambos os países são governados por líderes ditos de esquerda, mas a orientação que imprimem aos seus governos é completamente distinta.

Evo Morales representa o retorno do velho populismo latino-americano com uma nova tinta e uma nova configuração. Como já discutimos antes, o velho populismo estava baseado num nacionalismo estreito, ancorado na criação de empresas estatais, como solução definitiva para os graves problemas econômicos do continente. As vagas aspirações de independência econômica recebem um verniz oferecido pelo marxismo vulgar como instrumento de análise e concepção de mundo. A realidade passa a ser vista sob o prisma da luta de classes, do nacionalismo e da luta antiimperialista, sem necessidade, porém, de revolução. Basta a mobilização do Estado. Na outra ponta do espectro, Tabaré Vázquez, presidente do Uruguai, adota uma outra linha de conduta, a de um dirigente de esquerda que fez o aprendizado do que significam a experiência cubana e a do "socialismo real". Esse socialismo exibiu, com requintes de crueldade, o aparelhamento da sociedade pelo Estado, a estatização de empresas que terminaram ineficazes e burocráticas, a ausência de crescimento econômico e desenvolvimento social, além da supressão das liberdades públicas. Sua declaração de que o modelo a ser seguido é o do Chile, por conta de sua reforma do Estado e de seus tratados bilaterais de livre comércio com o mundo em geral e, em particular, com os EUA, mostra o que é uma esquerda aberta, consciente de que não pode repetir as experiências que marcaram o autoritarismo e o totalitarismo de esquerda do século XX.

Mais particularmente, ele entende que a defesa dos seus interesses nacionais depende de uma integração com o mundo, da negociação, atração de investimentos e comércio exterior.

Não afeito a bravatas ideológicas de política externa, o presidente uruguaio anuncia que abandonará o Mercosul se necessário for para o seu país, tornando-se apenas um membro do tratado de livre comércio. Afirma que, desta maneira, os interesses nacionais do seu país estarão mais bem resguardados, dentro de uma linha pragmática e social-democrata.

Enquanto isso, o governo Lula e o PT querem simultaneamente andar para frente e para trás, e permanecem apenas no mesmo lugar. A política macroeconômica do governo Lula indicava, sob a batuta do ex-ministro Antonio Palocci, uma firme intenção de modernização, ao considerar como políticas de Estado, que vão além da distinção entre direita e esquerda, os equilíbrios orçamentário e fiscal, assim como a estabilidade monetária. Na verdade, no que diz respeito a esses pontos, o governo Lula tinha, de fato, incorporado alguns princípios liberais em sua atuação.

Ao mesmo tempo, o Partido dos Trabalhadores nunca deixou de afirmar o seu caráter socialista, referendado em seu Encontro Nacional de 2006. A curiosa devoção de dirigentes petistas a Fidel Castro se inscreve dentro dessa mesma conduta. A política externa do governo mantém certa sintonia, privilegiando a ideologização das relações entre estados, em vez de afirmar a defesa dos interesses nacionais. No caso da Bolívia, Lula, mesmo nos momentos de maior constrangimento para os interesses brasileiros, nunca deixou de considerar Evo Morales um "amigo" e um "companheiro", alguém com quem compartilharia toda uma concepção de mundo, baseada na esquerda arcaica e autoritária. Chegou à ingenuidade de considerar que os interesses do Brasil estariam, assim, mais bem resguardados. Com a nacionalização do petróleo e do gás, Morales mostrou que estava disposto a cumprir suas promessas de campanha, enquanto o Itamaraty e o governo se diziam surpresos. Ajudaram a cultivar essa semente nacionalista e autoritária e tiveram de colher os seus frutos.

Vale a pena examinar essa questão mais detidamente.

Um dos traços mais marcantes da diplomacia brasileira no trato com o governo boliviano foi justamente sua atitude leniente em relação à expropriação de uma empresa estatal brasileira e aos seus eventuais custos para o contribuinte brasileiro. É como se houvesse uma "causa" a ser defendida, pairando acima dos interesses nacionais e da defesa da propriedade. Logo após a dita nacionalização, Lula demonstrou imediatamente "compreensão" para com o seu "irmão" boliviano.

Na verdade, o uso da palavra "irmão" para denotar uma relação próxima entre dois governantes é altamente equívoco. Presidentes não têm "irmãos", mas defendem os respectivos interesses nacionais por intermédio de negociações ou de posições de força. Foi o que fez, aliás, Morales, ao ocupar militarmente as refinarias e os campos da Petrobras. Não deixa de ser, nesse sentido, estranha a reação do Presidente Lula e de seu ministro, Tarso Genro, para os quais o Brasil não agiria como Bush no Iraque mediante o emprego da força militar. Quem utilizou a força militar foi a Bolívia, e o governo brasileiro não emitiu uma só nota de protesto contra essa forma de violência. Tampouco tinha se manifestado antes, contra as eloquentes promessas de campanha e a política anunciada logo após a eleição de Evo Morales relativas à nacionalização do petróleo e do gás, ainda que fossem evidentes as suas implicações danosas aos interesses nacionais do Brasil.

Capítulo III

Um nome à procura de uma definição

Normalmente, quando queremos saber o significado de uma palavra, recorremos ao dicionário. Ora, se recorrermos ao célebre *Dicionário de Política,* de Norberto Bobbio, para verificarmos o significado da palavra "populismo", teremos, certamente, uma quebra de expectativa, pois a definição que nos é apresentada não nos será de maior valia.

Com efeito, esse dicionário, em seu verbete "populismo" e, depois, em "populismo latino-americano", fica preso a definições por demais genéricas. Assim, em sua consideração inicial, o conceito de populismo remete ao conceito de povo como constituindo um "conjunto social homogêneo e depositário exclusivo de valores positivos, específicos e permanentes".[7]

Ora, essa consideração, de tão abrangente, serviria igualmente para caracterizar qualquer movimento social,

---

[7] *Diccionario de Política.* Siglo Veintiuno Editores, México, 1982, p. 1280.

regime político ou teoria que tivesse sua fonte inspiradora na soberania popular. Por outro lado, ela permite assinalar um ponto importante, o de que o povo seria uma fonte de inspiração moral e política, como se ele encerrasse, por si mesmo, valores positivos. Caberia então ao líder populista expressar esses valores, que deveriam ser afirmados e preservados. O nacionalismo, por exemplo, entraria, precisamente, nessa linha de consideração, ao ser tomado como um valor "popular". Essa afirmativa, no entanto, carece de uma outra definição essencial: a da palavra "povo".

Se tomarmos a expressão na sua acepção jurídica, povo é o conjunto de todas as pessoas sujeitas a uma mesma ordem jurídica, ou seja, é o conjunto dos cidadãos de um país. E, desta forma, a totalidade das pessoas dotadas dos direitos nacionais seria detentora daquela condição de "depositária exclusiva de valores positivos, específicos e permanentes".

A afirmação está correta do ponto de vista do ideal democrático, mas, se todo o povo guarda em si valores positivos, quem seriam os detentores dos valores negativos?

Para dar a única resposta possível, é preciso que caiamos na xenofóbica concepção de que todo o mal reside no "exterior". Ou, alternativamente, teríamos que tomar outra acepção da palavra povo para considerá-lo, por exemplo, o conjunto dos trabalhadores assalariados. Nesse caso, os valores não-positivos, não-específicos e não-permanentes teriam como depositários os outros cidadãos não abrangidos pela definição mais restrita do termo "povo": os demais grupos ou classes sociais, como os empresários grandes ou pequenos, os agricultores, os profissionais liberais e outros.

Nesse caso, é como se tivéssemos um conjunto de valores positivos por excelência que definissem também os valores negativos, por exemplo, "povo" ou "não-povo", "nacionalista", "antinacionalista" e assim por diante. Naturalmente, essa fronteira seria definida justamente pela formulação do líder carismático, o elemento chave na identificação dos inimigos do povo, sejam eles uma oligarquia rural ou urbana, financeira ou comercial. Sob essa rubrica, cairia também o "imperialismo" ou outra consideração semelhante do estrangeiro, daquele que se situa fora dos caracteres genuínos do povo.

Desta forma, uma característica aparentemente imutável do discurso populista — o apelo ao "povo"[8] — revela-se ambígua a um olhar mais atento. Quem seria, precisamente, na expressão do caudilho do momento, "o povo" que ele invoca? Tanto pode, como vimos, significar um trabalhador sindicalizado com um salário elevado quanto um desempregado ou um marginal; um assalariado de uma avançada empresa de informática com um salário alto e o trabalhador de uma pequena indústria que não

---

[8] Ípola, Emilio de. *Ideología y discurso populista*. Folios Ediciones, México, 1982, p. 103.

ganha mais do que três salários mínimos. Ou pode ainda significar o "proletariado" como um todo. Embora as condições sociais de uns e de outros sejam muito distintas, todos poderiam ser tidos como pertencentes ao "povo".

Não é fácil, assim, definir de forma puramente teórica a extensão da experiência populista. Ela depende do conceito de povo adotado em cada situação específica, da forma de apresentação política da luta de classes e dos partidos políticos interclassistas criados por cada liderança nacional. Por isso, talvez seja conveniente um exame mais detido de trajetórias definidas, como as do partido peronista, do PRI mexicano e do PTB brasileiro.

Os sentidos do populismo

O conceito de populismo é muitas vezes utilizado num recorte demasiadamente amplo de significações, usado tanto para descrever e explicar uma realidade dada quanto para especificar um certo projeto de mudança social.[9] Mais recentemente, ele veio a ser também utilizado

---

[9] Cf. também a introdução de Jorge Ferreira de *O populismo e sua história*. Civilização Brasileira, Rio de Janeiro, 2001. Ali, ele assinala a dificuldade de se definir o conceito de populismo, pois este ora se apresenta como "categoria explicativa", procurando dar razão à adesão dos trabalhadores a Getúlio Vargas, ora aparece como uma qualificação negativa, depreciativa, daquele que se procura combater no transcurso de uma luta política.

para desqualificar um adversário político por fazer uso excessivo da demagogia ou ser irresponsável do ponto de vista da condução das políticas públicas, em particular econômicas. Historicamente, contudo, as coisas nem sempre foram assim. O que é, hoje, algo depreciativo foi, em outra época, algo considerado positivamente.

Jorge Ferreira assinala que as acusações de "populismo" ou de "populista" não constavam daquelas que eram dirigidas a Vargas ou a Goulart. Ele vai mesmo além, ressaltando que esses termos, entre 1945 e 1964, raramente foram utilizados e quando pronunciados tinham um outro significado, nada pejorativo. "Ao contrário, a expressão surgia como elogiosa".[10] A expressão "líder populista" não tinha tampouco nenhuma conotação negativa, significando o que consideraríamos, hoje, um líder popular, alguém que representava autenticamente os anseios populares. "Portanto, naquela época, ser um 'líder populista', tanto para os trabalhistas quanto para seus adversários, não descrevia um político que utilizava como recursos a manipulação, a demagogia e a mentira. A palavra tinha um outro significado do atual – talvez o oposto."[11]

Não podemos fugir, entretanto, à realidade dos dias que correm. O populismo adquiriu os contornos de um conceito de valor negativo, e é necessário compreender a

---
[10] Ibid., p. 115.
[11] Ibid., p. 116.

lógica dessa evolução. Para tanto, é preciso também absorver características das experiências socialistas autoritárias do século XX. Acumulam-se, assim, vários eixos de análise: seu tipo de autoritarismo político, seu conteúdo propriamente socialista, sua política econômica.

Quase sempre, portanto, é a liderança populista que define quem é o "povo", como maior ou menor sucesso na recepção de sua mensagem pelo grupo de pessoas que, por sua condição social, nele se reconhece. Getúlio Vargas, por exemplo, ao se referir ao povo, se dirigia a grupos de trabalhadores que se reconheciam no seu discurso e nas suas ações, porque atendiam a demandas de integração social, econômica e política. É o próprio espaço da interlocução que confere sentido à palavra povo, sem que possamos, com isso, caracterizar em geral um determinado agrupamento social como povo em termos propriamente objetivos. Se formos, por exemplo, para um outro espaço de interlocução, como o de Franz Fanon,[12] que trata dos povos colonizados, ele conferirá ao lumpem-proletariado o papel de agente da transformação política, sendo ele, nesse sentido, o povo por excelência.

Por fim, o discurso político tem seus efeitos delimitados pelo ambiente político, se democrático ou se revolucionário. No primeiro caso, podemos, por exemplo, incluir os discursos de cunho eleitoral, em que os diferentes

---

[12] Fanon, Franz. *Les damnés de la terre*. Maspéro, Paris, 1991.

agentes partidários, seguindo as regras da democracia e de uma sociedade livre, disputam o poder pelo período determinado de um mandato. As regras de uma sociedade democrática seriam, assim, observadas pelos diferentes contendores e confirmadas por toda a sociedade, que permaneceria vivendo dentro de um mesmo ordenamento econômico, social e político. No segundo caso, temos os discursos políticos de tipo radical, que propõem mudar as regras existentes da sociedade e buscam suscitar a adesão a um projeto de transformação social. Tal é o efeito buscado pelo discurso populista, que pode, eventualmente, adotar uma forma socialista.

A era getulista

Para melhor apreendermos o que está em questão, façamos um rápido balanço daquelas que são as características mais nítidas da liderança política de Getúlio Vargas desde seu primeiro período de governo, de 1930 a 1945, passando por sua volta por mecanismos democráticos, em 1951, até seu suicídio, em 1954.[13]

De forma geral, o Estado brasileiro de 1930 a 1945 pode ser caracterizado como uma experiência de centralização administrativa. Seu projeto econômico previa a indus-

---

[13] Seguirei aqui, em linhas gerais, o livro de Boris Fausto. *História concisa do Brasil*. Imprensa Oficial/Edusp, São Paulo, 2001.

trialização do país, tornando possível, ao mesmo tempo, a proteção salarial e previdenciária dos trabalhadores. Do ponto de vista da manutenção do poder, possuía como eixo o apoio das Forças Armadas, em especial o do Exército, enquanto suporte da criação de uma indústria de base e mantenedor da ordem interna. Com a dissolução do Congresso Nacional, em novembro de 1930, ficava clara a sua natureza ditatorial. Ele recebeu também a adesão da Igreja católica, que, em troca, recebeu autorização para o ensino da religião em escolas públicas.

Ressalte-se que, do ponto de vista da política trabalhista, ele oferecia uma legislação de proteção social, mas trouxe o sindicalismo para dentro da órbita estatal, impedindo a livre organização dos trabalhadores: "o sindicato foi definido como órgão consultivo e de colaboração com o poder púbico. Adotou-se o princípio da unidade sindical, ou seja, do reconhecimento pelo Estado de um único sindicato por categoria profissional".[14] Não esqueçamos também que as concessões aos trabalhadores e o seu enquadramento político vieram acompanhados da repressão dos partidos e organizações de esquerda, em especial o PCB, exibindo uma clara orientação anticomunista.

As políticas educacionais, por sua vez, seguiam esse mesmo viés autoritário, de forte conteúdo conservador e católico mas sem tomar a forma de uma doutrina fascis-

---
[14] Ibid., p. 187.

ta. Também deve ser destacada a influência de segmentos do Exército — os tenentistas —, que advogavam a criação de uma indústria de base, particularmente a siderúrgica, a nacionalização de minas, dos meios de comunicação e dos transportes e a navegação de cabotagem, bem como, naturalmente, a prolongação da ditadura. Posteriormente, como interventores e em outros cargos importantes, vieram a fazer parte da própria burocracia estatal, tornando-se partícipes desse processo. Ademais, defendiam a idéia de uma representação de classes que coexistiria com a representação individual.

Por último, o direito de voto às mulheres foi pela primeira vez concedido, em resposta às pressões liberais exercidas por São Paulo, que propugnava por uma liberalização política do regime e por sua reconstitucionalização.

Mais particularmente a partir do Estado Novo, entre 1937 e 1945, veio a ganhar impulso a modernização econômica do Brasil, tendo como ponto aglutinador as ações de um poder ainda mais centralizador e autoritário. Nesse aspecto, ao menos, em nada se diferenciava de seus concorrentes políticos. O elemento autoritário fazia parte do imaginário político da época, e tanto o comunismo quanto o integralismo desprezavam a economia de mercado e a democracia representativa, ambas consideradas males a serem eliminados.

No Estado Novo, os estados passaram a ser governados por interventores, reforçando o processo de centralização política. Amigos de Vargas e militares eram os beneficiados com essas designações. Em alguns poucos locais, as oligarquias regionais foram contempladas, para que harmonizassem os diferentes interesses políticos estaduais. A democracia não constava como modo de escolha dos dirigentes políticos em proveito de um Estado onisciente.

Uma outra faceta do mesmo processo foi o enfraquecimento do Poder Legislativo. O processo de representação política foi atribuído aos órgãos técnicos, no interior do aparelho estatal. A representação legislativa deveria desaparecer em benefício de um Poder Executivo que trazia para dentro de si os diferentes atores sociais, econômicos e políticos, procurando conciliar e harmonizar os seus interesses a partir de uma posição de árbitro. Essa é uma característica importante dos Estados autoritários ou ditatoriais, que sempre procuraram colocar-se acima dos interesses sociais e políticos, determinando o que é melhor para cada um em função do que ele mesmo define como o bem comum. Surge igualmente aí uma mentalidade empresarial voltada para obter benefícios do Estado, na condição de agente do desenvolvimento nacional. A burguesia industrial ganhava, assim, impulso, mas adquire uma mentalidade subalterna, seguindo diretrizes estatais e desconfiando dos mecanismos de mercado, como se esses lhe fossem prejudiciais. Não é incomum que passem a demandar monopólios de mercado.

Sob o Estado Novo, as Forças Armadas finalmente conseguiram implementar o seu objetivo principal: a modernização autoritária do país. Tão satisfeitas estavam que não pensavam em uma intervenção direta na vida política, restringindo a sua atuação a posições fortes de influência, seja diretamente junto a Getúlio, seja por meio de organismos como o Conselho de Segurança Nacional, que se incumbia de questões econômicas caras aos militares, como as relativas à indústria estatal do aço e à do petróleo.

Quando em 1937 interrompeu o pagamento do serviço da dívida, Getúlio contou com o apoio dos militares justamente por subordinar o reequipamento das Forças Armadas à economia proporcionada por tal decisão. Observe-se, mais uma vez, como o não-respeito aos contratos faz parte desse Estado autoritário, mobilizando, para isso, a opinião pública nacional.

No campo trabalhista, o Estado Novo contemplou os interesses dos trabalhadores, mas a legislação se inspirava na *Carta del Lavoro,* de Mussolini, proibindo a greve. Ao contrário do que ocorreu na Europa, em particular na Inglaterra, aqui os direitos sociais foram definidos independentemente dos direitos civis e políticos e, mesmo, em oposição a esses. No Brasil, os direitos sociais foram criados como condição para o não-atendimento de reivindicações civis e políticas, fazendo com que os trabalhadores e sindicatos se tornassem massa de manobra das articulações governamentais.

Ao mesmo tempo em que determinados direitos sociais eram concedidos, direitos civis, como o direito de greve, eram proibidos, e os mesmos trabalhadores contemplados com esses direitos não tinham tampouco o direito de livre escolha de seus sindicatos, nem de voto por eleições e de livre organização partidária. Ou seja, os direitos sociais foram, no Brasil de Getúlio, outorgados em substituição aos direitos civis e políticos.

Nessa mesma linha, o imposto sindical, criado em 1940, foi ao mesmo tempo um instrumento de financiamento dos sindicatos e de seu atrelamento ao Estado. Por ser obrigatório, terminou criando um fundo público de utilização "privada" por parte do Estado e de seus estratos dominantes. Foi aproveitado para criar uma casta sindical subordinada ao governo e que viria no futuro a financiar campanhas eleitorais. Estavam dadas as condições para a utilização privado-corporativa do dinheiro dos contribuintes/ trabalhadores, que pagavam, então, por sua subordinação/incorporação ao aparelho do Estado. Nesse sentido, financiavam a própria servidão.

Em linguagem popular, poder-se-ia dizer que a servidão foi o preço pago para ter a barriga cheia. Com efeito, em maio de 1940, foi criado o salário mínimo, com o propósito oficial de atender às necessidades básicas dos trabalhadores.

É a velha sugestão de Hobbes: governos autoritários podem se basear na satisfação material das necessidades de seus súditos, tendo como condição a ausência de liberdades civis e políticas.

O fechamento do quadro autoritário, com a restrição das liberdades civis, se delineou mais precisamente ainda com o controle dos meios de comunicação. Sabemos que, em sociedades modernas, esses meios são poderosos instrumentos de formação da opinião pública, fazendo com que se criem formas "naturais" de aquiescência aos detentores do poder. Nesse sentido, Getúlio Vargas soube forjar com habilidade uma imagem — que, aliás, persiste até hoje em setores da esquerda — de protetor e pai dos trabalhadores, numa linha que fazia eco aos modelos totalitários, comunista e nazista. Stálin era também conhecido como o "pai" dos povos.

Um poder autoritário, que não se reduz ao emprego sistemático da força, deve criar formas de adesão ao seu líder máximo que se tornem "normais", uma adesão que se poderia dizer "espontânea". Sob Vargas, o uso do rádio e as cerimônias em campos de futebol, com ampla participação popular, correspondem particularmente a esse objetivo. Notemos, de passagem, que os monarcas de direito divino, como os franceses entre os séculos XVI e XVIII, também utilizaram esse tipo de cerimônia para fortalecer o seu poder e aprofundá-lo ainda mais na consciência dos seus súditos.

No momento em que o ditador é considerado "pai" da nação ou dos povos, identificado a um chefe de família que cuida dos seus filhos, distribuindo benesses e punições segundo o seu bom ou mau comportamento, fica automaticamente a seu juízo ou arbítrio a distribuição das regalias e castigos, colocando os seus súditos, impropriamente denominados cidadãos, na posição de espreita e de medo, e não na de participação política. O uso político-simbólico da figura do pai apaga a esfera civil, estabelecendo uma ponte direta entre o Estado e a família. Se a esfera civil é apagada, seus direitos são suprimidos. Os direitos civis são, então, substituídos pelos "direitos" do chefe de família, identificado como Chefe de Estado. Não causa, portanto, surpresa que os direitos sociais sejam concedidos em tais períodos, porque cabe ao "pai" prover o sustento de seus filhos. Daí se segue que os filhos não tenham o direito de contestar a autoridade do pai.

O controle dos meios de comunicação data do início do período Vargas quando em 1931 foi criado o Departamento Oficial de Publicidade. Em 1934, foi criado, no Ministério da Justiça, o Departamento de Propaganda e de Difusão Cultural, que vigorou até dezembro de 1939. Nessa data, sob o Estado Novo, foi criado o célebre DIP – Departamento de Imprensa e Propaganda –, diretamente subordinado ao Presidente da República. Cabia ao DIP o controle – logo a censura – do cinema, do rádio, do teatro, da imprensa, da literatura social e política. Era também tarefa sua a elaboração dos programas da rádio oficial do governo, como a *Hora do Brasil*, criação daquele período. Foram também estabelecidos controles estritos de entrada de publicações estrangeiras no Brasil. Resguardava-se, assim, o que o governo considerava a verdadeira "cultura" nacional. Esboçava-se claramente o esquema de um Estado autoritário nos moldes de seus congêneres europeus, todos ancorados em Ministérios da Propaganda para garantir as suas formas de dominação. O exemplo mais acabado é o da experiência nazista de propaganda, sob o comando de Joseph Goebbels.

No que diz respeito à perseguição de oposicionistas, ela era dirigida principalmente aos esquerdistas e aos liberais. Quanto aos primeiros, fazia parte do projeto de Vargas a exclusão da esquerda, pois ela disputava politicamente no seu próprio espaço de atuação. Quanto aos liberais, a sua exclusão se dava por questões de princípio, porque tinham eles nos direitos civis, na liberdade de imprensa e manifestação e nos direitos políticos, com eleições baseadas no estado de direito, as suas bandeiras próprias de ação. Eis por que também católicos e integralistas, os conservadores em geral, vieram a fazer parte do aparelho do Estado, sempre e quando aceitassem as regras então estabelecidas.

O general Góes Monteiro, personagem militar central do Estado populista, tinha, por exemplo, simpatia pelo Eixo, mas ele, como tantos outros, não podia pensar em organizar um partido de massas no estilo nazista, pois isso significaria cair fora do jogo político varguista. O fundamental era a adesão ao regime autoritário sob a liderança do presidente da República, no qual estavam incluídos simpatizantes do nazi-facismo, integralistas e até mesmo esquerdistas.

Vargas, ao mesmo tempo em que estabelecia sua fórmula política, preocupava-se em constituir uma burocracia estatal moderna. Obedecendo a um procedimento próprio de um Estado autoritário, contraposto a um totalitário, ele tinha como objetivo criar uma elite burocrática desvinculada das forças partidárias, mesmo que, na prática, a realidade tenha sido bem diversa.

Com tal propósito, foi criado em 1938 o Dasp — Departamento Administrativo do Serviço Público —, e a política de recrutamento do funcionalismo público passou a ser baseada na constituição de uma carreira iniciada e cumprida por critérios de mérito.

Em um ambiente totalitário, por sua vez estabelece-se o amálgama entre o partido e o Estado, como no caso nazista e soviético, cujos partidos únicos controlavam a estrutura e a hierarquia estatais. Os partidos de esquerda que compõem a base política do governo Lula, também procuram atravessar, em todos os níveis, a organização do Estado pela partidária, por meio da ocupação dos cargos estatais, inclusive de acordo com suas diferentes tendências.

Depois que Vargas foi obrigado a deixar o poder, produziu-se, na esteira de seus longos 15 anos de ditadura, uma sucessão baseada em mecanismos eleitorais, e emergiu uma candidatura liberal. O brigadeiro Eduardo Gomes, em 1945, como adversário do general Eurico Gaspar Dutra, defendia bandeiras como o liberalismo econômico e a democracia, contando com o apoio da classe média dos grandes centros urbanos. Seu partido, a UDN, também defendia a moralização dos assuntos públicos. Em 1950, disputando com Getúlio, o brigadeiro teve uma campanha mais difícil e se voltou contra o salário mínimo, já então identificado como uma grande bandeira das classes trabalhadoras, um direito social firmemente estabelecido.

Não há como alimentar ilusões sobre as eleições desse período. Nas eleições diretas para a Presidência da República, em março de 1930, votaram 1,9 milhão de eleitores, representando 5,7% da população total; em dezembro de 1945, votaram 6,2 milhões, representando 13,4% da população. Os que faziam parte do jogo do poder constituíam uma parte ínfima da população em 1930 e muito pequena em 1945, exibindo claramente os limites da democracia brasileira, que negava os direitos políticos à imensa maioria da população. Mesmo quando os direitos políticos foram afinal concedidos, eles chegaram de forma socialmente restritiva, evitando uma participação cidadã plena. A democracia brasileira tinha ainda um sentido claramente oligárquico, voltado para a dominação de poucos sobre a maioria. Ela se estabelecia como meio de equacionamento dos conflitos internos a essa minoria, tendo como assentado que não haveria uma modificação dessa base, mesmo quando ela fosse ampliada pela introdução de novos atores sociais e políticos.

É importante ressaltar o caráter oligárquico dessa fase da democracia brasileira, com o estabelecimento das bases de satisfação dos interesses corporativos e particulares de sindicatos de trabalhadores, de grupos empresariais e dos estamentos burocráticos, militares e políticos. O "bem comum" consistia na partilha de interesses feita entre os elementos integrantes do jogo democrático-oligárquico, segundo a força de cada um nos enfrentamentos políticos. Quem não pertencia a um desses grupos era mero espectador do processo político-econômico. É a partir desse momento, portanto, que a modernização social, econômica e política do Brasil passou a ser causa determinante do aumento da participação nesse jogo.

Em setembro de 1946 foi promulgada a nova Constituição. Trata-se de um texto híbrido, com traços liberais democráticos e corporativos. O Brasil é definido como uma República federativa, dando forma a uma antiga reivindicação liberal, e também como presidencialista, com o presidente eleito pelo voto direto e secreto por um período de 5 anos.

Note-se o traço democrático, que se traduz pela eleição direta baseada no voto secreto, resguardando a consciência do eleitor, que fica, assim, ao abrigo das ações clientelistas mais diretas. O direito e a obrigação de votar foram conferidos aos brasileiros de ambos os sexos, mas os analfabetos foram excluídos — uma parcela significativa da população não teria seus direitos políticos.

A igualdade de direitos, independentemente de raça, sexo ou condição socioeconômica, ficou claramente afirmada, com a exclusão dos seus antigos rasgos censitários.

O divórcio foi um tema central dos debates, apesar de ter prevalecido a posição da Igreja católica e dos setores mais conversadores. A simples existência de fortes debates já demonstrava uma mudança profunda dos costumes. Venceram os conservadores, mostrando o peso das idéias religiosas e de manutenção do *status quo* familiar, e o liberalismo do ponto de vista legal, relativo aos costumes e à família, permaneceu interditado. Note-se ainda que a palavra "conservador" tem uma conotação distinta nesse ponto. Os comunistas franceses, por exemplo, eram contra o aborto, em nome da defesa dos valores da família, enquanto os liberais o introduziram pelas mãos de Valéry Giscard d'Estaing e de Simone Veil.

No que diz respeito à organização dos trabalhadores, os traços corporativos foram preservados, numa situação de identificação com os direitos sociais. Isso significava, portanto, a persistência do atrelamento dos sindicatos ao Estado, do imposto sindical e do direito de greve. Este último, embora aceito em princípio, tornou-se inoperante pela legislação ordinária. Destaque-se o não-reconhecimento dos direitos civis para os trabalhadores analfabetos, ao mesmo tempo em que os direitos sociais eram atendidos.

Boris Fausto[15] sustenta que o governo Dutra (1946-1951), do ponto de vista da política econômica, iniciou seguindo um modelo liberal, reduzindo a intervenção estatal e os controles estabelecidos pelo Estado Novo. Cabe aqui, no entanto, uma ressalva, pois liberdade de mercado não significa somente liberdade de importação, se o Estado estiver presente no controle do câmbio, em particular na manutenção de uma moeda sobrevalorizada. É uma constante no Brasil identificar a liberdade de mercado à livre importação, como se a liberdade não se fizesse necessária em outros domínios, tais como a política cambial. Essa identificação faz com que o fracasso de uma política, no caso a de importações, seja logo identificada com o fracasso do liberalismo. Aliás, o próprio autor escreve, algumas linhas depois, que a mudança da "política liberal" se fez por restrições às importações, mas, tendo mantido o câmbio elevado, terminou por restringir também as exportações, estimulando o mercado interno. Ora, uma política é tão liberal quanto a outra, ou nenhuma é liberal, considerada isoladamente!

Getúlio retornou ao poder em 1951, tomando posse no dia 31 de janeiro, mas a UDN, partido da moralização

---
[15] Ibid., p. 222.

dos hábitos políticos e defensor de políticas liberais na área econômica, contesta imediatamente sua eleição, pondo em causa, na verdade, a legalidade democrática. Os "liberais" expuseram assim as suas contradições, exibindo uma concepção limitada das liberdades políticas. Se a eleição não os favorecia, o estado de direito era posto em questão. A história do Brasil mostrava uma vez mais sua "desconexão" prática entre as várias acepções da idéia da liberdade, ora a liberdade econômica chocando-se com a política, ora essa com a civil, sempre porém uma contra a outra, segundo as conveniências das lutas políticas e dos interesses particulares, como se não houvesse princípios que devessem ser resguardados das contendas políticas.

A posição dos militares é particularmente interessante nesse contexto. Os nacionalistas defendiam o desenvolvimento baseado na industrialização, enfatizando o projeto de um sistema econômico independente dos mercados internacionais. Sustentavam a idéia aristotélica da autarquia num mundo que se internacionalizava, indo, por assim dizer, contra a corrente. Podemos considerar essa idéia nacionalista como de "esquerda", apesar da dificuldade política daí resultante, a saber, o fato de que os militares brasileiros eram contra a esquerda, embora compartilhassem de alguns dos seus princípios. Para eles, o que estava em questão a partir dessa concepção de um Estado forte, interventor em áreas estratégicas como petróleo, siderurgia, transportes e comunicações, era um valor propriamente político: a soberania nacional.

Com tal propósito, eles não hesitaram em defender déficits orçamentários, tolerar a inflação e a falta de controle da moeda, pois assim poderiam, segundo acreditavam, alcançar os seus objetivos. A intervenção no mercado, em nome do nacionalismo e do desenvolvimento, criou uma "cultura" inflacionária e de "descontrole" das contas públicas, tendo como conseqüência uma mentalidade nacional "gastadora" e "irresponsável". Surgiu assim uma situação paradoxal, a de culpar o mercado por males oriundos da falta de liberdade econômica e da profunda intervenção estatal nos assuntos sociais e econômicos. Erra-se o alvo e se cria um bode expiatório. Essa cultura era tão forte que um Banco Central operacionalmente independente só surgiu no final do século XX, e mesmo hoje ele não é formalmente independente.

Os adversários dos nacionalistas, por sua vez, defendiam um combate severo da inflação e o controle da emissão da moeda e dos gastos do governo. Do ponto de vista internacional, esses militares defendiam um alinhamento com os EUA, tendo como inimigo o comunismo que se alastrava pelo planeta, enquanto os nacionalistas queriam maior independência em relação aos EUA. As tensões eram fortes, advindas do início da Guerra da Coréia. Mas, nesse ponto, ganharam os adversários dos nacionalistas, que se tornaram majoritários no âmbito da oficialidade, particularmente do Exército, vencendo as eleições para a Diretoria do Clube Militar de maio de 1952.

O custo do populismo crescia. A inflação de 1953 foi a 20,8%, contra 2,7% em 1974 e 13,8% em 1948.[16]

Vargas oscilava entre ser ator e espectador do processo, ao mesmo tempo fazendo parte desse jogo e se colocando como seu árbitro. Suas manobras tinham como objetivo manter e ampliar seu poder, mesmo em detrimento da sociedade e da economia, ou seja, das liberdades civis e da liberdade econômica. Horácio Lafer e Osvaldo Aranha no Ministério da Fazenda sinalizavam para uma política macroeconômica responsável, enquanto Jango no do Trabalho propiciava o desenvolvimento do populismo político e econômico.

O jogo era também sindicalmente perigoso, porque uma aliança com os comunistas contra os "conservadores" ou contra os EUA terminava por se traduzir em uma perda relativa do controle dos trabalhadores, aumentando a agitação social e política. Os diferentes jogos da esquerda se faziam então presentes, da república sindical à comunista. A aproximação com os EUA e os conservadores distanciava o governo dos comunistas e aumentava a necessidade de repressão política. Os comunistas, em resposta, incentivavam greves e aumentavam a agitação social e política, contrariando a política getulista. A legis-

---

[16] Ibid, p. 226.

lação trabalhista foi, simultaneamente, defendida e transgredida ao sabor dos confrontos políticos.

O balanço final é que o populismo não consegue sair da dinâmica gerada por sua própria liderança. Ela vai elaborando, ao longo dos anos, um emaranhado de alianças e compromissos, cuja conciliação é possível apenas com a expansão do Estado e do gasto público. Sem herdeiros à altura, sem ter como transferir carisma a seus sucessores, o tradicional populismo brasileiro foi, na verdade, um beco sem saída, sem condições de sobreviver em ambientes de maior competição política.

CAPÍTULO IV

A APROPRIAÇÃO MARXISTA

A concepção do populismo no Brasil está fortemente marcada pelas idéias de Francisco Weffort, expostas em seu livro *O populismo na política brasileira*,[17] e de Octavio Ianni, em *O colapso do populismo no Brasil*[18] e *A formação do Estado populista na América Latina*.[19] É importante avaliar esse marco teórico porque nele todo um setor da *intelligentsia* brasileira encontrou a sua formação.

O menosprezo pela democracia representativa é um traço essencial dessas análises. Embora a posição de Francisco Weffort a esse respeito tenha sido revista em profundidade em escritos posteriores, seu enfoque naquela obra

---

[17] Weffort, Francisco. *O populismo na política brasileira*. Paz e Terra, Rio de Janeiro, 2003.
[18] Ianni, Octavio. *O colapso do Populismo no Brasil*. Civilização Brasileira, Rio de Janeiro, 1968.
[19] Ianni, Octavio. *A formação do Estado populista na América Latina*. Civilização Brasileira, Rio de Janeiro, 1991.

é claramente orientado por uma concepção de linha marxista. A democracia não teria um valor universal, sendo intrinsecamente "burguesa".[20] Logo, para ele então, haveria de ser uma "tarefa trágica de toda democracia burguesa a incorporação das massas populares ao processo político".[21] Imagina-se, assim, como entender a trajetória política dos países europeus onde ocorreu de fato essa incorporação das massas a um regime democrático representativo.

É justo, entretanto, assinalar que Weffort é particularmente atento à questão do sufrágio ao assinalar que no período que se inicia em 1945 ocorre, por esse mecanismo democrático, uma forma de "expressão política das massas populares". Essa consideração, no entanto, vem acompanhada da formulação de que o sufrágio é um "meio formal e limitado".[22] De qualquer maneira, a questão consistiria, então, em saber como os mecanismos democráticos, ainda que burgueses, possibilitaram afinal que as massas populares se constituíssem como atores políticos, veiculando demandas sociais próprias.

Ianni, por sua vez, volta suas diatribes contra a sociedade democrática de base capitalista,[23] realçando sua

---

[20] Weffort, op. cit., p. 15.
[21] Ibid., p. 13.
[22] "Por menos que se queira, esse meio formal e limitado [o sufrágio] foi decisivo como forma de expressão política das massas populares". Ibid., p. 17.
[23] Ianni. A formação... p. 8.

idéia de socialismo como orientação normativa de suas análises. Também nesse livro o autor utiliza depreciativamente, segundo a tradição marxista, a expressão "democracia burguesa".[24] Como foi característico dessa linha da intelectualidade brasileira, não havia menção às experiências do socialismo real, quando, na verdade, não havia nenhuma diferença significativa entre o marxismo utilizado por essa intelectualidade e o vigente na Europa de então, que servia para orientar e justificar tudo o que era feito em nome do socialismo. Nos termos expostos por Ianni, o Brasil só teria duas alternativas: o socialismo revolucionário ou formas mais ou menos aberrantes de populismo.

Apesar da evolução de muitos intelectuais da esquerda de então, que atualizaram seu pensamento num sentido mais liberalizante e democrático, não deixa de causar espanto a resistência de alguns dogmáticos ao aprendizado dessa esquerda com a experiência internacional

O marco marxista

Segundo Weffort, o populismo se caracterizaria pela entrada na cena pública de massas urbanas como novos atores políticos. Esses novos atores teriam, pelo tipo de

---
[24] Ibid., p. 26.

A apropriação marxista   69

aliança política estabelecida, atendidas suas demandas sociais, entre outras medidas, pela legislação trabalhista, pela legislação sindical e pela legislação previdenciária. Observe-se aqui que essas leis não seriam estendidas aos setores rurais, mantendo, do ponto de vista social, a situação inalterada no campo. Interesses de grandes proprietários, nesse sentido, também poderiam ser satisfeitos, ao mesmo tempo que o líder populista ampliaria a sua margem de manobra, assumindo uma posição de árbitro para além dos conflitos de classe. Persiste o que se poderia denominar um jogo entre os interesses de trabalhadores, que, nesse caso encontrariam satisfação nos direitos sociais que lhe eram outorgados e a manipulação que o líder carismático exerce sobre esses mesmos trabalhadores. No entanto, a análise de Weffort, assim como a de Ianni, insiste sobretudo, senão exclusivamente, no caráter manipulador do líder populista.

Dentre as características principais de um "sistema populista",[25] o mesmo autor ressalta, coerentemente com o seu enfoque, o autoritarismo político, acoplado a um sistema de tipo corporativo. O nacionalismo se apresenta como uma forma ideológica desse "sistema", traduzindo-se também por uma orientação econômica voltada para a industrialização do país. Internamente, o sistema vive demagogicamente do confronto com o "inimigo", caracterizado como sendo o "liberalismo" ou a "oligarquia", que se tor-

---

[25] Weffort, op. cit., p. 97.

nam palavras de ordem, tendo como objetivo galvanizar o povo em torno do líder carismático. Ocorre, assim, uma união em torno desse regime que tende a apagar conflitos de classe que se apresentariam como irresolúveis. A composição social do governo populista é policlassista, negando precisamente o conceito marxista de luta de classes — o que não deixa de causar certo desconforto nos intelectuais citados aqui anteriormente, que em suas análises talvez preferissem confirmar a validade desse conceito.

O populismo estaria ancorado na idéia de povo como portador de uma "comunidade de interesses solidários".[26] Sob essa ótica, a expressão significa uma forma de mascaramento de uma divisão real da sociedade em classes com interesses sociais excludentes. A política populista consegue, de fato, através do seu conceito de povo, viabilizar a união da sociedade em função de um projeto de nação, tornando secundárias outras divisões ou clivagens sociais. Se a idéia orientadora fosse a luta de classes, a formulação de um projeto de solidariedade e a união da sociedade seriam consideradas um mero "momento", etapa preliminares de um dilaceramento ainda maior, a ser introduzido pela ruptura revolucionária.

Assim, a formulação de Octavio Ianni[27] é que o progresso só pode ser feito por dois tipos de ruptura: a re-

---

[26] Ibid., p. 178.
[27] Ianni, O colapso...p. 7.

volucionária, quando uma nova classe pretensamente subiria ao poder, mudando radicalmente a sociedade, ou a reformista, quando se alteram somente certos marcos institucionais, sem modificações estruturais, ascendendo ao poder um outro setor das classes dominantes. Essa versão foi retomada de forma explícita no México, em livro de Arnaldo Córdoba.[28] Segundo esses autores, o populismo viria, então, a ser considerado uma espécie de ruptura reformista, que se teria desviado daquilo que deveria ser o seu propósito central ou verdadeiro: a revolução.

Nessa perspectiva, o populismo, considerado como reformismo, seria um movimento político voltado para a colaboração de classes sob a égide de um líder político de tipo carismático, que serviria a um setor mais avançado das classes dominantes, o setor industrial, em detrimento das oligarquias agrárias.

Em todo caso, o populismo, por estar baseado na colaboração de classes, continuaria sendo uma espécie de anomalia, cuja normalidade teria sido definida mais adequadamente pela idéia de revolução. Ou, ainda, para esses autores, a história em geral e a história brasileira em particular teriam um rumo, o que conduziria ao socialismo, e qualquer processo diferente cairia sob a rubrica do que "não deveria ser".

---

[28] Córdoba, Arnaldo. *La formación del poder político em México*. Editorial Era, México. 1974.

A partir de tal marco teórico, todos os fatos devem se enquadrar numa concepção que estabelece balizas de tipo normativo, como se houvesse um rumo certo a ser seguido, no caso, o do estabelecimento possível do socialismo. Nessa perspectiva, Ianni assinala que a esquerda brasileira era de tipo marxista-leninista, pregando uma solução de tipo revolucionário.[29] Ao se adaptar às condições locais, sobretudo a partir de 1945, ela teria adotado uma linha reformista, de modo que essa mudança de rumo seria, na verdade, um desvio do que deveria ter sido a sua orientação correta. Cabe ainda ressaltar a completa ausência de menção no livro ao fenômeno da dominação totalitária imposta pela mesma esquerda revolucionária, e também referências a Luís Carlos Prestes e ao Partido Comunista. Tal modo de pensar não é uma relíquia do passado; tais concepções foram dominantes no Brasil, moldando a formação de segmentos influentes da intelectualidade, e continuam a ter seguidores fiéis em alguns meios formadores de opinião.

Ainda nessa perspectiva do "rumo certo", o autor sustenta que a esquerda brasileira viveu o dilema de não ter conseguido "transformar a política de massas em luta de classes",[30] isto é, não conseguir sair de uma política populista para uma política socialista revolucionária. Uma ver-

---

[29] Ianni, *O colapso...* p. 96.
[30] Ibid., p. 97.

dadeira esquerda estaria, como prega o marxismo, fundada no conceito de luta de classes, que deveria direcionar os embates políticos. Uma política de massas seria fruto de uma concepção populista que se afasta do marxismo e, nesse sentido, dos seus objetivos. Do ponto de vista prático, isso significa que os partidos políticos de esquerda deveriam ter se infiltrado na política de massas para mudar o seu curso, fazendo com que o desvio voltasse para o seu leito normal.

Uma formulação do mesmo tipo encontra-se em outro livro de Ianni, *A formação do Estado populista na América Latina*: "Entretanto, nas ocasiões críticas, quando as contradições políticas e econômicas se aguçam, o populismo das massas pode encaminhar-se para formas revolucionárias. Nessas situações ocorre a metamorfose do movimento de massas em luta de classes".[31] Observe-se que o lado bom, por assim dizer, do populismo seria o de tomar decididamente um curso de esquerda, adotando "formas revolucionárias", abandonando a colaboração de classes em proveito da luta de classes. No fundo, a dita análise mandaria acreditar e apostar nessa metamorfose, a única capaz de colocar a classe proletária no rumo de luta pela socialização dos meios de produção.

Daniel Aarão Reis Filho observa a esse respeito, com forte dose de ironia, que se trata de um "certo marxismo-

---

[31] Ianni, *A formação*...p. 11.

leninismo segundo o qual os trabalhadores apenas agem conscientemente e somente se *constituem como classe* quando formulam propostas socialistas revolucionárias".[32] Contra Ianni o autor cita Roberto Campos (não contraditado na época pelo próprio Ianni), para quem a participação da remuneração dos trabalhadores do setor urbano na renda interna do país seria, em 1960, de 64,9%. Apenas quatro países ultrapassariam o Brasil na época: EUA, Inglaterra, Suécia e Noruega.[33] O populismo terminaria, assim, como uma suave "manipulação" de trabalhadores inconscientes!

Essa mesma perspectiva define o peleguismo, forma de tratamento depreciativo de lideranças sindicais que assumiam o colaboracionismo de classes. O "pelego" seria o líder sindical que procura conciliar os interesses do trabalho e do capital, usufruindo politicamente dessa situação, situando-se dentro da estrutura mesmo do Estado e servindo os interesses dos trabalhadores no estabelecimento de vantagens sociais. O líder sindical "não-pelego", ainda segundo essa visão, pregaria a sociedade socialista, tudo fazendo para que ela seja instalada, conduzindo as reivindicações dos trabalhadores a ponto da ruptura político-

---

[32] Daniel Aarão Reis Filho. "O colapso do colapso do populismo ou a propósito de uma herança maldita". In: Ferreira, Jorge (organização). *O populismo e sua história*. Civilização Brasileira, Rio de Janeiro, 2001, p. 353.
[33] Ibid., p. 352.

social. Seu objetivo propriamente revolucionário não se esgotaria no atendimento de demandas sociais, consideradas pejorativamente reformistas, nem se preocuparia primordialmente com ele mesmo.

Ao referir-se ao populismo das cúpulas, isto é, "dos governantes, políticos burgueses profissionais, burguesia nacional, burocratas políticos, pelegos, demagogos",[34] o autor utiliza uma série de termos que só adquirem sentido à luz do marxismo que orienta a sua análise. Por exemplo, não basta a expressão "políticos profissionais", porque ela não marcaria o seu caráter de classe exigido pela análise marxista. Para se adequar a ela, torna-se necessária a expressão "políticos burgueses profissionais", visto que assim fica claro que esses políticos obedeceriam aos ditames da burguesia. Trata-se da mesma mentalidade que faz com que um adversário sindical não-marxista tenda a receber o apodo pejorativo de "pelego".

Juan Domingo Perón e Getúlio Vargas adotavam uma posição de mediação entre os diferentes contendores políticos e entre as classes e grupos sociais, de tal maneira que pairavam, por assim dizer, acima dos conflitos. Mediadores por excelência, ao mesmo tempo em que debilitaram o sistema representativo, eles se atribuíram essa função que teria sido deformada e mal preenchida pela instituição parlamentar.

---

[34] Ianni, *A formação...* p. 10.

Eles representariam a nação, sendo capazes de oferecer a resolução de conflitos e a unidade perturbada pelos enfrentamentos sociais e políticos. Eles representariam o Estado, os outros fariam politicagem.

Quanto aos partidos políticos, nos regimes populistas, sobretudo no caso do Brasil, da Argentina e do México, eles não são imprescindíveis do ponto de vista do estabelecimento dessa forma de exercício do poder político, entre outras razões pelo fato de os líderes carismáticos se apoiarem principalmente em sua relação direta com as massas. Eles terminam adquirindo importância como forma de manutenção desse mesmo poder, na medida em que as massas encontram aí formas de participação. No entanto, nem o PTB nem o Partido Justicialista de Perón atrelaram o presidente às suas decisões internas. O inverso seria o verdadeiro. O líder carismático caracteriza-se por se situar acima das contendas partidárias e políticas, não estando preso a nenhuma organização. Sua força reside precisamente nessa posição suprapartidária.

Nessa perspectiva, a dominação populista se distingue da socialista-comunista, por estar essa última fundamentalmente assentada num partido cuja atuação se faria sob o signo da verdade e da redenção, tendo, então, um valor de tipo absoluto.

Na doutrina socialista-comunista, ocorre uma conjunção intrínseca entre partido e Estado, um se misturando e identificando com o outro, enquanto no populismo ambos permanecem como instâncias distintas, separadas. O líder populista não é nem tem a função de um secretário-geral na estruturação de um partido comunista.

Convém aqui também assinalar que a análise marxista do populismo, pródiga em criticar o atrelamento dos trabalhadores e dos partidos ao aparelho de Estado, sempre foi omissa em mencionar o atrelamento comunista dos trabalhadores ao partido, que se identifica ao Estado, não lhes restando nenhuma liberdade. Há manifestamente dois pesos e duas medidas: crítica ao autoritarismo populista e silêncio sobre o totalitarismo comunista.

Ianni chega a produzir um argumento curioso, da orientação marxista que estabelece o rumo certo do movimento dos trabalhadores. Com efeito, ele observa que o movimento sindical latino-americano cresceu, sob o populismo, tanto quantitativamente quanto no que diz respeito à participação política. Acrescenta ainda que houve, de fato, uma politização das classes populares, em particular do operariado. Contudo, ainda segundo ele, essa politização teria sido uma das "principais contradições" do populismo latino-americano, por "despolitizar as classes sociais ao politizar a aliança e a harmonia das classes sociais".[35] Ora, só há contradição na perspectiva do conceito de luta de classes, em função do qual toda politização deveria ser entendida sob a ótica do confronto das

---

[35] Ibid., p. 115-6.

classes sociais, conduzindo ao estabelecimento de uma sociedade socialista graças à política revolucionária.

A variante mexicana

Arnaldo Córdoba defende a tese de que a Revolução mexicana seria uma "revolução populista",[36] constituindo uma forma historicamente inédita de revolução política. Os inventores do populismo teriam sido os revolucionários das classes médias que lutaram contra o movimento camponês independente comandado por Villa e Zapata. Segundo o autor, o sistema oligárquico enquanto poder político já teria sido aniquilado em 1914. Numa perspectiva mais geral de análise do populismo, caberia ressaltar que há, historicamente, diferentes vias de acesso populista ao poder, seja por meio de eleições, seja por golpes de Estado, seja por meio de revoluções. O que é, no entanto, digno de nota é que suas formas de conservação do poder possuem características e propriedades que se encontram em diferentes países latino-americanos.

No viés marxista de Córdoba, o populismo mexicano, apesar de nascido de uma revolução, seria, na verdade, contra-revolucionário, por ter como objetivo evitar a revolução social, que seria a socialista. As classes populares teriam sido, nessa perspectiva, manipuladas e mais tarde,

[36] Córdoba, op. cit., p. 32.

entre 1929 e 1938, incorporadas e cooptadas pelo partido oficial e pelas organizações sindicais. O autoritarismo do líder populista e, principalmente no México, sua transferência para a função presidencial[37] são um dos traços principais dessa forma de exercício do poder.

Um outro traço do populismo encontra-se na industrialização como um propósito nacional, supraclassista,[38] que termina sendo a condição econômica mesma para a realização das reformas sociais, para a efetivação dos direitos sociais. Mantendo essa perspectiva de análise, deveríamos concluir que a contra-revolução viria a ser uma condição de realização dos direitos sociais. A industrialização se tornaria, então, um fim em si mesma, sendo necessariamente bom todo meio para alcançá-la, mesmo que isso implique a supressão de liberdades democráticas ou a interferência nos mecanismos de uma economia de mercado. Da mesma maneira, o Estado, para a consecução desse objetivo, não deixa de contrariar setores dos empresários e dos trabalhadores, forçando-os, se necessário, a cumprir as condições para a implantação desse programa.

O Partido Nacional Revolucionário, criado em março de 1929, convertido em PRI (Partido Revolucionário Institucional) no ano de 1946,[39] sob Cárdenas, tornou-se um

---

[37] Ibid., p. 33-4.
[38] Ibid., p. 34.
[39] Ibid., p. 38-9.

efetivo partido de massas, com toda uma estrutura sindical que veio a encontrar o ápice em um Poder Executivo despersonalizado e forte em seu comando da sociedade e dos outros poderes. O Poder Executivo é a culminação de mediações de caráter representativo, mas o seu exercício se fez, no México, de uma forma não-democrática, sem ser ditatorial no sentido usual do termo, pois as regras da representação política eram seguidas rotineiramente. Tivemos, portanto, na era do PRI, uma forma *sui generis* de autoritarismo com representação política, própria do exercício populista do poder.

Embora seja o produto partidário de uma revolução, uma violenta guerra civil que abalou as estruturas do Estado mexicano, o PRI, com Cárdenas mais especificamente, viria a preencher as mesmas funções de integração dos trabalhadores e das camadas populares ao Estado, tais como se apresentaram em outros países que seguiram a via do Estado populista, como o Brasil e a Argentina. Córdoba salienta,[40] por exemplo, o corporativismo, a conciliação de classes e a cooptação dos sindicalistas para cargos no aparelho estatal. Logo, não deixa de ser curioso que o autor, após listar essas características de um exercício populista de poder, recorra a uma expressão como "ficção populista" para caracterizar o procedimento de um partido que, apesar de popular, na verdade obedeceria ao

---

[40] Ibid., p. 40.

governo, que, por sua vez, tem relações privilegiadas com os setores patronais.

Isso é mais um viés proveniente de uma abordagem marxista que considera "ficção" qualquer concepção não-revolucionária que se apresente sob as formas do engano e do velamento produzidas pelas classes dominantes. O autor, por outro lado, despreza o problema absolutamente central da "adesão à ficção" junto às classes trabalhadoras e populares, em que se situa a questão do tipo de representação exercida, o fato de que os trabalhadores e os populares em geral se sentem representados por instituições que, assim, preenchem a sua função do ponto de vista da coesão social e do desenvolvimento do país.

Observe-se ainda que a estabilidade política resultante do formato centralizador do regime populista foi fator central do desenvolvimento mexicano no século XX.

Surgia um outro jogo político em que as diferentes classes sociais eram representadas junto ao poder estatal, seguindo este, na linha clássica do populismo, uma política de conciliação dos interesses em confronto. Todos os atores políticos, trabalhadores rurais e urbanos ou empresários, sabiam que a aceitação dessas regras era a condição indispensável para que seus interesses fossem satisfeitos. Houve sempre reacomodações nesse processo que correspondiam à própria evolução da correlação de forças e do aprimoramento das instituições — em particular a representação jurídica desses grupos sociais e econômicos através de sindicatos e outras agremiações profissionais.

Fizeram igualmente parte desse jogo as ameaças, a corrupção e a compra de adesões entre os representantes sindicais, as organizações profissionais e as agremiações empresariais. Favores e favorecimentos individuais eram condições para que as iniciativas populistas alcançassem os seus objetivos. O que importava era a adesão ao Estado e ao regime.

Por fim, Córdoba[41] assinala que o exercício populista do poder no México alimentou também o nacionalismo enquanto forma de ideologia popular contra a penetração estrangeira. O povo identificado à massa se tornou a nação, incluindo aí os setores patronais, que faziam parte da própria estrutura sindical e jurídica do Estado. O nacionalismo seria, nessa perspectiva, uma forma ideológica utilizada pelo Estado e pelas classes dominantes para conseguirem melhores condições de negociação com os países estrangeiros, sobretudo os EUA. Ressalte-se que Córdoba, ao assinalar esse papel exercido pelo nacionalismo, continua qualificando o populismo como uma "solução contra-revolucionária"[42] que teria propiciado o desenvolvimento do capitalismo e evitado uma ruptura de tipo socialista. Faz o autor, a seguir,[43] o elogio e a acei-

---

[41] Ibid., p. 73.
[42] Ibid., p. 74.
[43] Ibid., p. 75.

tação do marco marxista de análise proposto, e acatado incondicionalmente.

Ângela de Castro Gomes e Jorge Ferreira sublinham a inconsistência dessa análise marxista ao caracterizar o populismo como um movimento mistificador, que impediria a emergência da verdadeira consciência de classe,[44] como se houvesse uma espécie de "modelo da classe trabalhadora, uma determinada consciência que lhe corresponderia e um certo caminho, único e verdadeiro, a ser seguido".[45] Ora, como o modelo não se encaixa na realidade, a culpa seria da realidade, e não do modelo! O populismo seria um grande ardil das classes dominantes.[46] Ferreira assinala, com muita propriedade, que o populismo brasileiro, lido sob o conceito de "trabalhismo", implica uma satisfação das massas trabalhadoras que tiveram direitos sociais concedidos, podendo deles usufruir como suas próprias conquistas. Para chegar, porém, a essa consideração, torna-se necessário abandonar o marco da análise marxista, que ressaltava apenas os aspectos da repressão, da persuasão e da manipulação, como se

---

[44] Ângela de Castro Gomes. "O populismo e as ciências sociais no Brasil: notas sobre a trajetória de um conceito". In: Ferreira, Jorge (organização). *O populismo e sua história*. Civilização Brasileira, Rio de Janeiro, 2001, p. 25.
[45] Jorge Ferreira. "O nome e a coisa: o populismo na política brasileira". In: Ferreira, Jorge (organização). *O populismo e sua história*. Civilização Brasileira, Rio de Janeiro, 2001, p. 62.
[46] Ibid., p. 100 e seguintes.

trabalhadores fossem meros instrumentos à disposição das classes dominantes através da organização do Estado.

Uma social-democracia latino-americana?

O atendimento de demandas sociais faz dos líderes populistas de fato populares, porque preenchem uma função do ponto de vista de reformas sociais e de humanização de relações de trabalho que são, freqüentemente, duras para os setores mais desfavorecidos da sociedade. Nesse sentido, pode-se dizer que o populismo preenche na América Latina uma função que foi a da social-democracia européia, também considerada "traidora" do ponto de vista socialista ou comunista, embora reivindicasse uma outra forma de socialismo, reformista e democrático. Em todo caso, é importante assinalar que, com o populismo, um amplo conjunto de classes sociais irrompe na cena pública como atores propriamente políticos.

Lucília de Almeida Neves, a partir de uma análise das propostas e da atuação do PTB pós-1945, procura mostrar que esse partido e o movimento que o originou constituem uma mescla de social-democracia e de assistencialismo estatal.[47] Independentemente de uma questão de

---

[47] Lucília de Almeida Neves. "Trabalhismo, nacionalismo e desenvolvimentismo: um projeto para o Brasil (1945-1964)" In: Ferreira, Jorge (organização). *O populismo e sua história*. Civilização Brasileira, Rio de Janeiro, 2001, p. 174.

nomes, portanto, deve-se estar atento às alternativas políticas em formação. No caso específico, não podemos esquecer que o PTB, fundado em 1945, segue o viés da política getulista, da qual era um produto. Seu destino esteve sempre intimamente vinculado a Vargas e ao movimento político por ele conduzido, mas a dinâmica que instaurou, de avanço nos direitos sociais, deixava entrever o caráter social-democrata[48] do trabalhismo brasileiro. Essa analogia com a social-democracia deixaria de ser válida apenas quando lida sob a ótica da democracia representativa, pois, nesse caso, as tendências autoritárias do populismo impediriam tal interpretação.

A tese de um populismo de corte social-democrata teria a virtude de permitir uma análise mais sofisticada da concessão de direitos e benefícios sociais aos trabalhadores, distanciada da formulação marxista, que supõe a manipulação do proletariado. O caráter social-democrata do trabalhismo explicaria a adesão dos trabalhadores a um tipo de governo que respondia às suas demandas e no qual se sentiam reconhecidos, não manipulados.

Da mesma forma que o marxismo, na Europa, considerava os partidos "reformistas", de corte social-democrata, traidores, por desviarem os trabalhadores de seus propósitos intrínsecos, quais sejam, a revolução e a ins-

---

[48] Posição semelhante foi sustentada pelo *The Economist*, no artigo acima citado.

tauração de uma sociedade socialista, o mesmo juízo seus defensores emitiram no Brasil em relação ao populismo e ao trabalhismo.[49] Na verdade, a estrutura conceitual da crítica é a mesma, alterando apenas o seu objeto, que aparece sob um outro nome: o populismo.

Os temas do programa do PTB descritos por Lucília têm perfeita afinidade com as ações dos governos europeus de tipo social-democrata. Assim, destacam-se: a) os direitos trabalhistas, defendidos pelo partido e, antes dele, estabelecidos por Getúlio entre 1930-45; 2) a defesa da garantia de emprego; 3) políticas públicas voltadas para a qualificação dos trabalhadores; 4) previdência social ampla; 5) políticas públicas de proteção à infância e à maternidade; 6) política de planificação econômica dirigida pelo Estado; 7) políticas de promoção da paz social. Pode-se mesmo dizer que essas medidas e iniciativas constam da plataforma de atuação de muitos governos populistas, não só no Brasil. Ademais, o próprio PTB fazia parte de uma concepção do Estado e da sociedade esboçada e elaborada pelo próprio Getúlio nos dezenove anos em que permaneceu no poder e que, após a sua morte, permaneceu como bandeira partidária e orientação de políticos e governos populistas até 1964.

---

[49] Cabe aqui assinalar que Brizola, com o seu PDT, herdeiro do trabalhismo, o vincula a Internacional Socialista, de corte social-democrata.

A autora considera que um dos grupos formadores do PTB, os getulistas pragmáticos, formados por burocratas vinculados ao Estado através do Ministério do Trabalho e por sindicalistas inscritos na estrutura corporativa estatal (hegemônicos no partido de 1945 a 1954), agiram segundo duas orientações diferentes: uma de natureza ideológica e outra de natureza organizativa.[50] A ideologia vinha do trabalhismo inglês, acentuando, assim, o seu caráter propriamente reformista, seguindo essa linha européia de esquerda. O princípio organizativo corresponderia, por sua vez, à rede implantada pelo Ministério do Trabalho nos sindicatos e nos mecanismos da previdência, controlando, dessa maneira, os trabalhadores e conferindo ao partido um suporte propriamente institucional, como se o partido fizesse parte do aparelho estatal.

Nesse sentido, a posição desse grupo de pragmáticos correspondia à de Getúlio, que considerava os partidos políticos elementos desestabilizadores da sociedade, preferindo apostar nos sindicatos como os elementos propriamente agregadores, que constituiriam as melhores alternativas de participação política[51] e de coesão social.

Mesmo com a criação do PTB, o partido, nessa visão, deveria se inscrever numa política de Estado e permanecer intimamente vinculado à estrutura sindical.

---

[50] Ibid., p. 180.
[51] Ibid., p. 182.

As análises de corte marxista ressaltam normalmente esse segundo ponto, assinalando o "peleguismo" das instâncias sindicais e a subordinação do PTB à estrutura estatal, como se elas não fossem verdadeiramente a expressão da satisfação de demandas sociais e da concessão de direitos sociais, inspirados na doutrina social-democrata européia. Visto sob essa ótica, o "peleguismo", como assinalamos, poderia ser considerado uma política sindical de corte reformista e seu caráter pejorativo derivado apenas de uma perspectiva marxista. Ademais, não deixa de ser curioso que essa orientação marxista não se aplique, conforme já mencionado, com o mesmo nível de crítica e mordacidade, às experiências socialistas e comunistas que integraram completamente os sindicalistas ao aparelho estatal, reprimindo ferozmente qualquer veleidade de autonomia dos trabalhadores. A simbiose entre o partido e o Estado nessas experiências terminou por anular os próprios sindicatos e qualquer liberdade social, produzindo a "coesão" totalitária da sociedade.

Um outro grupo partidário, o dos doutrinários trabalhistas, é particularmente importante para caracterizarmos essa afinidade com a social-democracia. Esses doutrinários eram os intelectuais do PTB: Alberto Pasqualini, Sérgio Magalhães, San Tiago Dantas, que pregavam a necessidade de um maior distanciamento do partido em relação ao Estado. Suas posições, de um ponto de vista teórico, são as do nacionalismo e também de uma aproximação com a social-democracia. Sua contraposição ao comunismo é outra de suas marcas, identificando-se, portanto, com o socialismo reformista. Nesse campo, particularmente elucidativas são as *Sugestões para um programa*, texto escrito por Alberto Pasqualini e publicado no *Correio do Povo*, do Rio Grande do Sul, em 22 de março de 1945.

O programa[52] tem um forte componente distributivo, cabendo ao Estado criar condições para uma melhoria das condições sociais da população brasileira. Seu objetivo consiste no estabelecimento de um capitalismo de tipo social, ou seja, que compatibilizaria o capital e o trabalho, sem romper os marcos desse tipo de relação sócio-política. Trata-se de um programa de cunho nitidamente reformista, que retoma, em grandes linhas, os princípios do trabalhismo inglês e da social-democracia européia. Mais especificamente, um socialismo de tipo reformista,[53] voltado para os valores da coletividade, da solidariedade, contra o individualismo de um tipo de capitalismo que estaria apenas centrado nas "idéias de luta e nas tendências egoístas do homem".[54] Sua posição, nesse sentido, é de cunho moral.

Pasqualini advogava uma planificação econômica que fosse compatível com o regime democrático,[55] não caindo, nesse sentido, na estatização dos meios de produção, pro-

---

[52] Ibid., p. 182.
[53] Na acepção lata do termo como ele diz, p. 4.
[54] Ibid, p. 4.
[55] Ibid., p. 8.

posta propriamente comunista. Isso não significa, todavia, que esse planejamento, também voltado para a defesa das empresas nacionais, deva subsidiar empresas ineficazes, na medida em que elas prejudicam os interesses dos consumidores.[56] Cabe ao Estado "desenvolver e fomentar as indústrias que tenham condições intrínsecas de vitalidade".[57] Ressalte-se aqui uma posição teórica extremamente avançada para a época e que foi tão pouco observada depois: a preocupação com o consumidor e a crítica de empresas incapazes de enfrentar a concorrência estrangeira. Nesse sentido, Pasqualini, em nome do interesse nacional, não defendia empresas e empresários que viviam somente à sombra do Estado, sem condições de enfrentar uma concorrência real.

O lucro é considerado causa movente e legítima da sociedade capitalista e das iniciativas econômicas em geral. Se o lucro fosse abolido, a própria atividade econômica seria suprimida, pois não haveria por que o capitalista correr riscos em seu empreendimento. Daí não se segue, contudo, que o lucro deva ser o único fim da atividade econômica, porque o desenvolvimento do capital pode e deve ser também encarado como meio de expansão econômica e de bem-estar social, aí entrando em linha de consideração[58] a função reguladora e distributiva do Esta-

---
[56] Ibid., p. 11.
[57] Ibid., p. 11.
[58] Ibid., p. 13.

do. Essa "socialização do lucro"[59] teria como destinatários principais aqueles que, com seu trabalho, contribuíram para produzi-lo. A conciliação a ser realizada diz respeito a uma taxa de lucro que incentive os empreendimentos capitalistas e que possa, por outro lado, atender às demandas sociais dos mais necessitados, dos trabalhadores em geral e dos que se encontram sem emprego. Essa socialização do lucro poderia dar-se de duas formas: mediante a participação do trabalhador no lucro da empresa à qual pertence ou mediante impostos que redundariam em benefícios sociais, que atingiriam o conjunto dos trabalhadores com serviços de amparo, assistência ao trabalhador, saúde, educação e outros.

Pasqualini sustenta igualmente que o Estado, para preencher essa função social, deve comprimir a "despesa pública improdutiva ou suntuária",[60] voltando-se, particularmente, para os seus objetivos de atendimento aos trabalhadores. Não deve, para isso, recorrer a empréstimos ou emissão de moeda, que provocariam processos inflacionários com o efeito de prejudicar os próprios trabalhadores, pela desvalorização da moeda e dos salários.[61]

O programa defendido é de claro perfil social-democrata: a) construção de moradias populares, edifícios para

---
[59] Ibid., p. 16.
[60] Ibid., p. 24.
[61] Ibid., p. 24-5.

moradores; b) vilas proletárias que deveriam possuir escolas primárias, técnico-profissionais, ginásio, serviços médico-hospitalares, cooperativas de consumos, lazer, etc.; c) hospitais, sanatórios, colônia de férias etc.; d) assistência à infância, à velhice e à maternidade; d) serviços médicos gratuitos a populações urbanas e rurais carentes; e) produção e distribuição gratuita de medicamentos básicos; f) fundos de auxílio a doentes e desempregados.[62] Uma outra proposta bastante inovadora diz respeito à administração desses fundos sociais e à sua execução, evitando desperdícios, burocratização e corrupção. Com tal propósito, ele propunha que houvesse uma administração compartilhada entre o poder público, os contribuintes e os interessados, ou seja, a burocracia estatal, os empresários e os trabalhadores.

O populismo, como se vê, é um fenômeno aberto a interpretações que vão além do paradigma marxista. Exibe, na verdade, nuances que podem aproximá-lo tanto da social-democracia como dos regimes fortes e autoritários. Sua especificidade, contudo, é bem clara: uma confiança apenas relativa nos processos democráticos e na economia de mercado. O populismo exibe, na verdade, uma clara preferência por dois aspectos: de um lado, a intermediação de interesses promovida por uma liderança carismática e, de outro, a intervenção na economia e nos mercados.

---

[62] Ibid., p. 35.

Capítulo V

O populismo em questão

Emilio de Ípola[63] assinala que os destinatários principais do discurso de Perón eram as "massas populares", o setor da população incorporada à vida industrial. O seu foco consistia, portanto, no operariado industrial sobre o qual exercia o seu poder, assim como Getúlio, por meio dos sindicatos. Se nos voltarmos, agora, para o governo Lula, constataremos o uso de uma expressão preferencial: "movimentos sociais". Sob essa expressão, ele e o PT procuram aglutinar em torno de si tanto os trabalhadores industriais e comerciais como os funcionários públicos, sob a organização da CUT, e os setores desempregados e rurais sob o controle do MST e de organizações afins.

A questão consiste, então, em determinar em que sentido esse ressurgimento aparente do populismo seria uma repetição de fenômenos passados, ou se ele colocaria

---

[63] Ípola, op. cit., p. 125.

em pauta, também, outras referências políticas e ideológicas. Mais particularmente, o problema reside em detectar uma outra abordagem e uma outra orientação prática, que conduziriam à instauração de uma sociedade de tipo socialista. Ou seja: como se faz a passagem do populismo tradicional, hostil ao marxismo e por ele hostilizado, para um processo de construção do socialismo. Haveria, aqui, uma articulação das lutas sociais com as lutas populares nessa direção? Nessa perspectiva, poderíamos dizer. que um cenário possível é de que o projeto populista atual conduzido por sua vertente de esquerda firme-se como uma etapa de um projeto propriamente socialista. Parece ser o caso, por exemplo, do "neopopulismo" de Chávez, que teria afirmado a perspectiva de "transição ao socialismo".

Não esqueçamos, entretanto, que o neopopulismo, na esteira do populismo tradicional caracteriza-se por acentuar seus traços autoritário, nacionalista, antiliberal e anti-americano. O liberal de outrora foi transformado no "neoliberal" de hoje; o nacionalismo continua igualmente fechado; o desprezo pela democracia persiste, ainda que seguindo as formalidades democráticas talvez para abandoná-las posteriormente; e o anti-americanismo continua o mesmo, sob a forma atual de discursos anti-Alca e anti-FMI.

O populismo tradicional, com Perón e Getúlio, estava voltado, graças à intervenção do Estado e a uma aliança com a burguesia nacional, para a consolidação de um capitalismo nacional, enquanto o neopopulismo em sua vertente chavista emite sinais contra o capitalismo, conduzindo setores pouco organizados dos trabalhadores. Se o modelo antigo se movia num tipo de capitalismo fortemente controlado pelo estado, sem o desenvolvimento correspondente de uma economia de mercado, o novo populismo procura colocar-se fora da economia de mercado, embora, num primeiro momento, dela se aproveite para obter os recursos necessários a essa transformação, como é o caso da exportação de petróleo na Venezuela.

Emilio de Ípola ressalta[64] que Perón, logo depois de sua eleição em 1946, dissolveu o Partido Laborista que o tinha apoiado e submeteu a CGT a uma forte pressão com o intuito de controlá-la. Quando mais tarde foi criado o Partido Justicialista, de cunho peronista, o propósito era que ele servisse especificamente aos projetos do líder carismático. Trata-se de um traço típico do peronismo e do populismo em geral, a saber, o uso instrumental de partidos políticos e a sua extinção se eles não corresponderem a esse exercício autoritário do poder. A experiência populista, nesse sentido, como já vimos, distingue.se da socialista, baseada num partido único, centralizado e fortemente hierarquizado, cujos tentáculos se estendem a toda a sociedade com o propósito de sujeitá-la totalmente.

---

[64] Ibid., p.118.

Esse, aliás, é o motivo da desconfiança inicial da esquerda em relação a Chávez, pois ele se baseava na instituição militar e em seu carisma próprio, prescindindo do partido, além de dirigir-se aos marginalizados pela sociedade, e não ao proletariado.

Poder-se-ia, agora, dizer que a aceitação de Chávez como líder de esquerda, contando com o apoio e beneplácito de Fidel Castro, corresponde a uma evolução da própria esquerda, cujos modelos de transformação social pareciam esgotados. A via neopopulista deu, sob essa ótica, um novo alento à esquerda, que abandonou as formas mais violentas de transformação social em proveito de formas gramscianas, mais adequadas a essa nova forma de populismo.

Questões de estilo também são relevantes. O discurso peronista caracterizava-se pelo uso dos modismos de linguagem, ditos populares, expressões coloquiais e metáforas esportivas.[65] Nesse sentido, podemos dizer que o discurso de Lula compartilha dessas características clássicas dos discursos populistas, com o mesmo sucesso, aliás, do ponto de vista dos efeitos produzidos. Perón, no entanto, empregava, freqüentemente, metáforas organicistas, que diziam respeito à saúde e doença de um corpo, seu processo vital, suas patologias e suas curas.[66] Ele privilegiava

---
[65] Ibid., p.122.
[66] Ibid., p.144-5.

uma visão do sistema político como um processo de reformas, que teria como finalidade restaurar a saúde de um organismo debilitado, em lugar de uma ruptura de tipo revolucionário, que acarretaria desordem e, portanto, o funcionamento deficiente do corpo social e político.

São marcas do populismo tradicional as políticas de tipo reformista, que se afastam das revolucionárias, defendidas, naquela época, pelos partidos comunistas. Eis aí outro traço que distingue esse populismo do novo que faz uso da desordem social e de certo enfraquecimento e até desestabilização de instituições do Estado.

O nacionalismo como ideologia continua útil para o projeto populista, visto que congrega os cidadãos de um país em torno de determinados valores que são definidos como território de ação da liderança neopopulista. É o caso, por exemplo, da nacionalização do gás e do petróleo na Bolívia, cujos prejuízos a médio e longo prazos são menos importantes que a adesão interna suscitada pelo discurso nacionalista. O discurso se vê, assim, reforçado pela figura do inimigo, interno ou externo, que reforça o apelo a unificar, soldar, as forças políticas da nação. Símbolos desse inimigo simbólico são, por exemplo, os EUA, a Alca, o FMI, do ponto de vista externo, ou os "latifundiários" e o "agronegócio", do ponto de vista interno, ou ainda, comum a ambos, o chamado "neoliberalismo".

Por fim, há um aspecto manifestamente agregador no discurso populista, visto que este tem um propósito social plural do ponto de vista da união entre os diferentes setores, grupos e classes sociais, bastando que todos convirjam para a idéia de nação defendida pelo líder. Nesse particular, o uso de palavras como "companheiros" tem como propósito uma interlocução mais abrangente, que não se veria restringida a apenas uma classe social, como ocorre no discurso marxista, que desqualifica, por exemplo, a classe média por ser "pequeno-burguesa", defensora da propriedade e contrária aos ditados socialistas ou comunistas. No populismo a concepção é muito mais englobante, e contém num mesmo espaço político de interlocução diferentes classes sociais.

A figura do inimigo, no populismo, não é, portanto, a da classe social na perspectiva marxista. A identificação dos inimigos pela liderança política é quase sempre oportunista, manipulada em função de seu próprio projeto de poder. A opção pode ser pela fórmula do "inimigo nacional", que pode ser o estrangeiro, o forasteiro, aquele que não compartilha os "valores nacionais". Ainda assim, estaríamos distantes do clima belicoso, interno e externo, promovido pelas lideranças neopopulistas. A tensão política é sempre instrumento temporário para as formas tradicionais de populismo. Já nas modalidades contemporâneas do populismo, a tensão e a instabilidade são elementos permanentes do poder.

Populismo econômico

Tomemos a definição de populismo proposta por Rudiger Dornbusch e Sebastian Edwards: "Entendemos por 'populismo' uma abordagem da economia que enfatiza o crescimento e a redistribuição de renda e desconsidera os riscos de inflação e o financiamento inflacionário do déficit, as restrições externas e a reação dos agentes econômicos a políticas agressivas que não se valham dos mecanismos de mercado".[67]

A expressão "populismo econômico" não se refere a um regime político determinado, de esquerda ou de direita, mas a determinadas medidas de ordem econômica que terminam por interferir nos mecanismos de mercado, produzindo distorções e déficits orçamentários e o desequilíbrio das contas do Estado. Embora essas medidas tenham freqüentemente um cunho social, voltadas para o atendimento mais imediato de determinadas demandas, elas terminam, a longo prazo, por prejudicar esses mesmos setores sociais, que são, assim, atendidos por intermédio de processos inflacionários. Estes, por sua vez, terminam por tornar necessárias ações posteriores de austeridade fiscal e monetária que visam a interromper esses mesmos processos inflacionários.

---

[67] Rudiger Dornbusch e Sebastian Edwards. O populismo macroeconômico na América Latina. In: Bresser Pereira, Luiz Carlos (coordenador). *Populismo econômico*. Nobel, São Paulo, 1991, p. 151.

A grande questão do populismo econômico, portanto, é posta por seu forte apelo social e mesmo empresarial: social, porque situações mais graves de desequilíbrio são aparentemente equacionadas num curto prazo; empresarial porque há setores econômicos que, vivendo à custa do Estado, usufruem desse mesmo tipo de postura. Medidas econômicas de cunho populista são tomadas por governos ditos de esquerda ou de direita, tudo dependendo da correlação interna de forças de cada país, não estando obrigatoriamente essas medidas encarnadas em ações de um líder carismático. O presidente José Sarney, por exemplo, tomou várias medidas de cunho populista, mas seu governo não pode ser dito de esquerda, nem o seu perfil é o de um líder carismático.

A questão do redistributivismo é particularmente candente na América Latina. As precárias condições sociais demandam formas de uma forçada e imediata redistribuição de renda. E elas são, em boa parte, fruto de políticas populistas passadas, que agigantaram o Estado, diminuíram a sua eficiência e privilegiaram grupos econômicos que prosperaram graças aos benefícios que puderam extrair do próprio Estado. Mesmo de forma distorcida, porém, algumas promessas têm sido historicamente cumpridas pelos governos de cunho populista, enquanto as propostas de soluções da social-democracia, no sentido moderno do termo, e do liberalismo, no sentido clássico, poucas vezes vingaram nos países latino-americanos.

Assim, o problema das políticas distributivistas tem uma dupla faceta: a) de um lado, ele é uma questão de justiça social, considerando as condições de miséria e de pobreza em que vive parte significativa da população, e a urgência da adoção de medidas ainda que paliativas; b) de outro lado, se o distributivismo não é acompanhado de políticas econômicas consistentes, baseadas no equilíbrio fiscal, na estabilidade monetária, no respeito aos contratos e na liberdade econômica, os ganhos mais imediatos resultam perdidos a médio prazo, criando uma situação de perpetuação da miséria e da pobreza.

O populismo econômico, nessas condições, representa uma tentação constante, sobretudo em épocas em que ocorrem um processo de democratização das disputas eleitorais e o conseqüente surgimento de novos atores na cena pública. Os desfavorecidos socialmente passam a ter o direito de voto, vêem televisão, ouvem rádio, percebem e constatam a disparidade entre a sua situação social e a dos outros setores da sociedade. A revolta e mesmo a violência são o resultado dessa percepção, fazendo com que a exigência de reformas sociais seja ainda mais premente. Ora, esses atores, em busca de satisfação de suas demandas, caso não sejam atendidos, podem, também, vir a desprezar a própria democracia, tornando-se um instrumento nas mãos de líderes carismáticos.

Um aspecto particularmente constante do populismo econômico reside em sua aversão à economia de livre mercado e a uma maior participação do Estado na condução dos processos econômicos e sociais.

No primeiro caso, temos o realce dado ao Estado como se este, com suas empresas e sua capacidade de regulação, fosse capaz de uma atuação mais eficaz na viabilização do crescimento econômico por intermédio de um maior planejamento governamental. Há uma certa desconfiança dos governantes populistas em relação ao mercado, como se este, graças aos seus mecanismos informais de relacionamento entre os agentes econômicos, baseados na concorrência, fosse prejudicial ao desenvolvimento econômico e social. As liberdades econômicas são assim restringidas por um Estado que se arroga uma posição de onisciência, tudo sabendo sobre aquilo que a economia e a sociedade deveriam fazer. No fundo, essa desconfiança se baseia no temor de que a prática da liberdade, inerente ao sistema econômico de livre mercado, se estenda às práticas políticas.

No segundo caso, a sociedade deveria ter menos mecanismos de expressão, como se as liberdades civis e políticas prejudicassem o funcionamento estatal. Com efeito, um Estado que se coloca na posição unívoca de monopolista do saber prescinde ou procura prescindir de uma sociedade que funciona com vozes plurais, oriundas de todos os seus setores, econômicos e sociais, profissionais e intelectuais, midiáticos e universitários. A busca de mecanismos de censura é um traço freqüente dos regimes populistas, que se aproveitam do populismo econômico para colocar um setor da sociedade contra o outro, de modo a favorecer o líder ou governante máximo de forma a reforçar o seu controle sobre o conjunto da sociedade.

Por fim, entre as características marcantes do populismo econômico está a subordinação da economia às diretrizes governamentais, entendidas como orientações emanadas do líder máximo. Assuntos que deveriam ser tratados de modo impessoal e técnico, como os atinentes à estabilidade monetária, por exemplo, não dependem de um Banco Central gozando de independência, operacional ou juridicamente estabelecida, mas de ordens governamentais emanadas de conformidade com os interesses do poder.

Uma tendência muito forte nos governos populistas é a alocação de recursos para grandes projetos, conduzidos à margem de qualquer preocupação com desequilíbrios fiscais e processos inflacionários. A partir do momento em que a moeda deixa de ser defendida por um Banco Central, que, assim, garantiria o poder de compra da população, para ser administrada pela pessoa que ocupa o poder, um sério limite foi ultrapassado.

Populismo e neopopulismo

Sob o termo "populismo", portanto, foi possível encontrar uma pluralidade de significados, que podem indicar tanto uma "liderança carismática" em contato direto com as massas quanto atitudes de subversão de instituições representativas, passando pela irresponsabilidade fiscal em nome de políticas ditas distributivas. Torna-se, assim, importante retomar alguns desses significados para que possamos ter melhor compreensão do processo político em curso em todos os seus desdobramentos econômicos. As políticas distributivas do Estado, conduzidas em nome de seu governante máximo, têm como principal exemplo no governo Lula o programa Bolsa-Família, com seu viés assistencialista. A lógica deste tipo de política de cunho populista é estabelecer uma relação direta entre o presidente e os "deserdados". O Presidente Lula é apresentado perante os beneficiários do programa — que vivem em situação de pobreza — como o responsável pelo seu bem-estar. Veicula-se, assim, uma concepção paternalista do Estado, que aparece como provedor direto das famílias carentes, engendrando uma clientela que passa a identificar no governante o seu benfeitor. A conseqüência política evidente das práticas distributivistas é, no caso brasileiro, o alcance, pelo governante, de altos índices de popularidade nas regiões mais pobres do País, como o Nordeste e o Norte, as principais regiões destinatárias desse tipo de programa assistencialista/clientelista.

O outro lado desse processo, contudo, reside em que as classes médias, não atingidas por esses programas, resultam descontentes com o governo, pois suas condições materiais em geral pioram nos governos populistas e elas não vêem no horizonte imediato um meio de melhorar a sua condição. Nesses setores médios da sociedade formados por pessoas que têm empregos formais e por proprietários de pequenas empresas, a insatisfação surge porque os baixos níveis de crescimento afetam diretamente suas perspectivas econômicas. É interessante observar que, no Brasil, esses setores urbanos constituíram a base social que impulsionou o desenvolvimento do Partido dos Trabalhadores, compartilhando com o PT expectativas sociais e éticas que foram frustradas. Uma situação como essa, de descontentamento e frustração, pode se converter num primeiro antídoto contra o apelo do populismo nos setores médios urbanos.

Já em outros setores urbanos, constituídos de pessoas sem emprego, marginalizadas dos resultados econômicos do País, o comportamento pode ser o oposto. Ao ficarem à margem do mercado de trabalho, sobrevivendo em precárias condições como resultado, em geral, de um grande deslocamento de populações rurais para as cidades, eles têm fornecido contingentes a movimentos sociais nas zonas rurais, que se definem como anticapitalistas e socialistas revolucionários, apoiados por financiamento governamental viabilizado por setores do governo liderado pelo PT e com uma proposta de reforma agrária inexeqüível.

A sociedade brasileira, contudo, tem amadurecido, e não dá mais o mesmo apoio a esses movimentos ditos sociais. O desenvolvimento do agronegócio, com a completa transformação do campo brasileiro, hoje mais eficiente, produtivo e competitivo, vem funcionando como uma espécie de anteparo a essa forma de "populismo agressivo" de orientação revolucionária. Existem aqui as condições ideais para o populismo de novo tipo: a liderança capaz de manter uma relação direta com as massas, um "problema social" grave definido em termos anticapitalistas e um conjunto de setores deserdados da sociedade.

Lula conta com várias dessas condições, a começar pelo fato de ser um líder com habilidade para estabelecer uma relação direta e afetiva com os setores mais desamparados da população. Aquilo que a imprensa e muitas pessoas percebem como uma bravata ou mesmo ausência de lógica em algum pronunciamento do presidente brasileiro pode, contudo, ter um forte apelo popular junto aos eleitorados de menos instrução. Se a isso acrescentarmos a posição dos intelectuais petistas, que põem seu pensamento, suas obras e suas palavras a serviço da "causa" e não da verdade, criam-se condições favoráveis para a aceitação pública desse tipo de liderança política.

A repercussão partidária

A ameaça populista também continua viva como resposta à grave crise ética vivida pelo PT, que precisa explicar à opinião pública a ausência de moralidade pública em um partido que se arvorava defensor da ética. O partido optou por não reconhecer a realidade e preferiu, em diversas oportunidades, atribuir seus problemas a "uma aliança entre a oposição e parte dos grandes meios de comunicação".[68] Sem saída, alguma reversão da ordem política seria a opção natural diante da "brutal ofensiva conservadora", "resultado do plebiscito sobre comercialização de armas de fogo, do relatório aprovado pela CPMI da Terra, da atuação das comissões parlamentares de inquérito e dos propósitos que movem setores da direita, quando tentam cassar o mandato de vários deputados petistas e criminalizar o PT".[69]

A cassação de alguns dos parlamentares do PT notoriamente identificados com a corrupção sistêmica do Estado brasileiro, e de antemão "inocentados" pelo PT, é vista pelo partido pela ótica de oposição entre "esquerda" e "direita", ou ainda entre os que querem banir a "injustiça" secular de nosso país e os que querem perpetuá-la. As próprias CPIs, instrumentos legais, próprios da normalidade institucional do País, e que cumpriram a missão de tentar resgatar a imagem do Poder Legislativo, trabalhando contra todos os obstáculos criados pelo governo, tiveram o seu trabalho desconsiderado. No fundo, é o próprio menosprezo de setores importantes da cúpula do PT pela democracia representativa e suas instituições.

---

[68] Resolução do PT de 10 de dezembro de 2005.
[69] Ibid.

Pequenos detalhes são reveladores. Depois de perder muito da antiga importância, devido aos escândalos em que se viu envolvido, o ex-ministro e ex-presidente do PT José Dirceu deu uma entrevista a uma revista de pequena circulação, reproduzida pela página do partido na internet, em junho de 2006, que fornece boas pistas para entender a relação estabelecida com a mídia.

Falando do seu caso e, mais amplamente, de todos os envolvidos pela corrupção, José Dirceu retomou o velho mantra de praticamente todos os dirigentes petistas: a corrupção não existiu, o mensalão não existiu, o valerioduto não existiu. O que existiu foi o desvio de alguns recursos que caem sob a rubrica genérica do caixa dois, "comum a todos os partidos". Setores importantes do partido continuam defendendo a idéia de que não houve nada de mais, tudo se reduzindo a pequenos erros. Não esqueçamos, por sinal, que o PT, até hoje, não conduziu os seus membros envolvidos na corrupção ao Conselho de Ética do partido, preferindo jogar com o enfraquecimento da memória pública.

Digna de nota também, na entrevista de José Dirceu, foi a posição sustentada de que o PT e ele próprio foram vítimas da grande imprensa. Em suas declarações há uma ideologização e partidarização da corrupção, como se ela fosse uma invenção da grande imprensa conservadora, que conspiraria para a esquerda não permanecer no poder e levar a cabo as mudanças prometidas. Recorre ao velho imaginário de que o partido estaria cercado, devendo resistir, numa espécie de gueto de esquerda. Uma das expressões utilizadas não deixa lugar a dúvidas: o país estaria presenciando um tipo de "macarthismo da imprensa".[70] Os termos da equação são postos desta forma: há os que advogam o "socialismo" e os defensores do capitalismo. Nessa perspectiva, a crise ética petista desaparece como problema, sendo, então, exposta nos termos clássicos de um conflito entre uma esquerda tradicional e uma direita considerada, dessa visão, "oligárquica" e "conservadora". Paradoxalmente, o movimento contra as denúncias de corrupção não gera uma depuração de lideranças e práticas, mas reforça a identidade de esquerda da agremiação — um fenômeno problemático que apesar das recentes articulações com partidos e movimentos políticos de centro, continua a transferir-se para ações do governo Lula.[71]

---
[70] Ibid.
[71] Ibid.

Conclusão

Vimos que o ressurgimento nos últimos anos, na América Latina, daquilo que tem sido considerado populismo impõe questões que dizem respeito à natureza desse processo e à sua semelhança com movimentos políticos do passado. Diríamos que responder a essas questões exige, desde logo, a compreensão do impasse vivido pelas forças de esquerda, dividida entre grupos moderados e grupos que continuam sonhando com o projeto de uma sociedade socialista autoritária, estatizante e nacionalista.

O primeiro grupo é representado pelo governo da *concertación* socialista-democrata cristã de esquerda do Chile e, mais recentemente, seguido por Tabaré Vázquez no Uruguai. O segundo grupo segundo tem como expoente representante a Venezuela de Hugo Chávez, agora seguida pela Bolívia de Evo Morales. A Argentina ensaia passos erráticos nessa direção, mas não cumpre todos os requisitos de um governo neopopulista. O Brasil, por sua vez, vem oscilando entre a primeira e a segunda alternativa. Por um lado, adota uma política macroeconômica responsável e de respeito aos contratos; por outro, tem-se aproximado do "terceiro-mundismo" e adotado ideologia esquerdizante em vários setores da administração pública. Essa orientação é imposta por meio de iniciativas de planificação e centralização, como as Parcerias Público-privadas ou o Plano de Aceleração do Crescimento (PAC), que resultam de maior politização dos processos decisórios enquanto saem enfraquecidas as agências reguladoras, outras instituições e a burocracia de Estado.

A emergência do chamado neopopulismo, portanto, tem ligações apenas superficiais com a experiência dos anos 50 e 60. O neopopulismo surge em um mundo de competição democrática em que Perón, Vargas e Cárdenas dificilmente teriam lugar. Eles, no fundo, eram empresários da inclusão política, então iniciante, hoje completada.

Por outro lado, a separação absoluta entre populismo e esquerda não mais se sustenta desde o colapso mundial dos regimes comunistas. As credenciais conservadoras inquestionáveis de Vargas e Perón, por exemplo, seriam inúteis em um mundo em que a ameaça de revolução é encarada freqüentemente com ironia.

O neopulismo, portanto, está sendo construído com base em outra combinação de fatores: ele representa a soma de um trabalho de corrosão da democracia representativa com a renovação da plataforma da antiga esquerda revolucionária. Ou seja, ele representa a fórmula da produção do socialismo com os instrumentos da competição democrática.

É nesse ponto que pode ser notada uma conexão real entre o populismo do passado e do presente. Ambos têm necessidade, para contornar os efeitos da competição democrática, de líderes messiânicos e carismáticos, que conseguem, pelo uso da palavra, pela demagogia, estabelecer uma relação direta com as massas. É ele quem relega a mediação política do Legislativo ao segundo plano e consuma a posição do Poder Executivo como o poder por excelência.

Segundo Aristóteles, o demagogo é aquela pessoa hábil no uso do discurso, mestre no manipular das palavras. O demagogo não tem nenhum compromisso com a verdade, mas busca apenas o convencimento do outro. Pode ser a mentira política, como se vê no tratamento dado no Brasil aos escândalos de corrupção. Pode ser a mentira administrativa, que executa programas sociais sem sustentação no tempo. Pode ser a mentira institucional, que diz ser independente um Banco Central que não o é. A exigência de uma liderança carismática, portanto, não nasce por acaso. É ela que tem capacidade de apresentar suas decisões como imensos ganhos sociais, escamoteando o fato de que esses ganhos serão devolvidos, mais adiante, com desemprego, inflação e descontrole das finanças públicas.

Uma diferença importante, contudo, marca o uso do carisma pelas lideranças do passado e do presente. Como vimos, o ambiente democrático em que viceja o neopopulismo impõe lógicas bem peculiares de funcionamento. Vargas e Perón, atuando em sociedades parcialmente democratizadas e contando com uma esquerda autenticamente revolucionária em seus calcanhares, não podiam se dar ao luxo de patrocinar livremente a radicalização do conflito social. Ao contrário, suas políticas tinham o propósito, de promover a paz social.

Já os líderes atuais não têm necessidade dessa cautela. A esquerda socialista não tem para onde ir. Seu único refúgio é o abraço paternal do líder neopopulista. Nessa situação, o líder pode testar vários tipos de antagonismo social sem medo de uma revolução. Pobres contra ricos, americanos do Sul contra americanos do Norte, descamisados contra bem-vestidos, progressistas contra conservadores — o cardápio é variado. Não está excluída nem mesmo uma releitura da "luta de classes".

Outra conexão real entre o populismo tradicional e o neopopulismo é o terreno onde se desenvolvem: sociedades em que a pobreza e as disparidades sociais são extremas, sanáveis, sob condições democráticas, apenas no longo prazo. Na América Latina, o velho e o novo populismo estão enraizados nas condições sociais de seus países, com seus processos de exclusão social e de contraste entre a riqueza de alguns e a miséria e a pobreza da maioria.

Ainda assim, uma diferença importante deve ser notada. A limitada democracia do populismo tradicional tornava mais fácil a oferta de soluções aos grupos sociais mais mobilizados, como operários urbanos e funcionários de empresas públicas. Era mais fácil atender a suas demandas, e o regime político era menos pressionado a produzir resultados como renda e crescimento. O líder neopopulista moderno é como o sujeito montado no tigre: difícil ficar no topo, perigoso descer do animal. É um regime estridente, falante, que precisa mostrar agilidade o tempo todo. No fundo, as novas correntes do populismo fazem um trajeto político inverso ao da liderança populista do passado. Vargas, Perón e Cárdenas compreenderiam a evolução na direção de formas mais democráticas de sociedade; Chávez e Evo Morales querem a reversão dessa democracia.

É fácil notar o processo. Em um primeiro momento, as formalidades democráticas são mantidas. Em seguida, a sociedade é mobilizada em favor de "mais democracia", sob as formas da chamada democracia direta ou participativa. Por fim, revela-se o alvo a ser eliminado: a autonomia das instituições do estado de direito, obstáculos no caminho do líder. Isso se faz particularmente presente no aparelhamento do Poder Judiciário e na redução do Poder Legislativo a uma posição de subserviência.

Para completar essa tarefa, é natural que a liderança neopopulista busque mobilizar justamente os setores sociais com menor interesse na democracia representativa, seja por não compreenderem seu valor para a liberdade humana, seja porque não percebem nela um instrumento para a conquista da igualdade sócio-econômica. Em pouco tempo, o novo líder estará à frente dos excluídos. Não para incluí-los, naturalmente, mas para mobilizá-los.

É importante destacar este ponto. O neopopulismo tem um interesse direto no processo de decomposição das classes sociais, sustenta-se nele. Enquanto o populismo tradicional se caracterizava pela integração, necessariamente limitada, dos trabalhadores ao mercado e à participação política, o neopopulismo não alimenta tais ilusões. Não tem como prioridade dar emprego ao desempregado. E planeja e trabalha para que aumentem os dependentes de políticas de tipo assistencialista. Trata-se de uma utopia estranha: a mobilização política permanente dos sem-trabalho, dos sem-teto, dos sem-terra, enquanto o Estado se ocupa de que sejam mantidos nessa condição com a ajuda de impostos.

Naturalmente, há muito de ilusório nos projetos neopopulistas. A criação de clientelas políticas por meio de políticas assistencialistas tem evidentes limites fiscais, e a fidelidade política dessas massas é instável. O uso da liderança carismática e de maior intervenção nos campos da cultura e da comunicação, têm a função de controlar esses humores voláteis, mas a mídia contemporânea não deixa ao líder neopopulista muitas ilusões sobre a eficácia de seus artifícios ao longo do tempo. A gravidade de figuras como Vargas e Perón não tem lugar no mundo moderno, e o tom populiaresco que assume por vezes o líder neopopulista termina aproximando-o, em muitos modos, do folclórico ou do culto moderno às celebridades. O líder neopopulista parece uma entidade muito mais descartável que seus similares do passado. Daqui a dez anos, quem possivelmente se lembrará de Evo Morales? E como será lembrado?

Ainda assim, pelo menos dois efeitos daninhos e concretos do neopopulismo podem ser apontados com segurança: o enfraquecimento das instituições do estado de direito e o desprestígio da democracia. A liderança carismática, mesmo que por breve tempo em termos históricos, coloca-se acima do sistema representativo, debilitando-o e utilizando-o segundo as suas conveniências políticas. Essencialmente antidemocrático, faz o jogo eleitoral de obediência às regras da democracia, mas a fragiliza e desmoraliza. Não tendo uma utopia a oferecer, a mobilização neopopulista parece agitar a sociedade para nada além de manter a lideramça no poder.

Na falta de melhor opção, o perigo da ameaça externa tem sido muito utilizado. Chávez utiliza sistematicamente esse recurso em seus discursos torrenciais e repetitivos contra Bush, os "gringos" e o "imperialismo norte-americano". O governo boliviano chegou mesmo a ensaiar críticas ao imperialismo brasileiro. Da mesma forma, em outras partes da América Latina o discurso anti-EUA e antiimperialista desempenha, hoje, uma função. Teríamos como seus subprodutos o antineoliberalismo, a anti-Alca, o anti-FMI, o anti-Consenso de Washington e outros do gênero.

Ultimamente, porém, essa falta de utopia está dando lugar a uma estranhíssima nostalgia. O neopopulismo, que, como vimos, não teme a revolução socialista, passou a olhar Cuba como modelo, coisa que jamais passaria pela cabeça de Vargas, Perón ou Cárdenas, homens práticos por excelência. Chávez e Morales apontam para essa direção e parecem apresentar seus respectivos regimes como uma "transição ao socialismo". Formulações desse tipo se encontram em livros do líder venezuelano,[72] mas também em documentos petistas, que assumem essa postura como igualmente válida para o Brasil.

Não estando muito claro como se realizaria tal transição para um regime que, nesse momento, está clinicamente moribundo, a liderança neopopulista testa várias idéias. Uma delas é a fixação romântica com a experiência guerrilheira de Fidel e Che Guevara, uma espécie de mártir da causa. Há fantasias bolivarianas de unificação das nações americanas que certamente não emocionam

---

[72] Cf. Harnecker, Marta. *Um homem, um povo*. Editora Expressão Popular, São Paulo, 2004. As entrevistas foram feitas entre julho e julho de 2002.

os governos do Chile e do Uruguai. No caso de Morales, ocorrem até mesmo arroubos indigenistas. O certo é que partidos políticos não têm lugar nesse catálogo de projetos de poder. O traço marcante dessa experiência neopopulista de transição ao socialismo, na verdade, consiste na erosão das instituições democráticas por meio de crises e instabilidades permanentes.

Apenas em um aspecto esse projeto de transição ao socialismo adquire um significado mais concreto: ele traz a ameaça ao processo de reforma do Estado, com enxugamento da máquina pública, vivido nas últimas décadas.

Uma das características do populismo tradicional, como vimos, é o nacionalismo, e entre suas manifestações econômicas está o controle dos pontos da economia considerados vitais por seus dirigentes. O neopopulismo vê nessa concepção uma oportunidade para promover uma nova rodada de estatização, que lhe ofereceria mais poder interno e serviria como instrumento de combate aos inimigos externos: o "capitalismo internacional" ou os "EUA".

Por enquanto, um ataque mais direto à propriedade privada parece uma ameaça distante, mesmo na Venezuela e na Bolívia, mas o sucesso político do neopopulismo já tem uma leitura bem precisa: está promovendo uma substantiva revisão dos ganhos advindos do processo de modernização econômica e política da América Latina. Sem condições de "avançar para o socialismo", mantido mais no discurso, esses governos estão voltando no tempo a concepções nacionalistas de desenvolvimento e a práticas populistas na administração pública. Eis o grande problema que corremos o risco de enfrentar no país e no continente.

Este livro foi impresso em 2007
nas oficinas da ParkGraf Editora Ltda.
Rua General Rondon, 1500 (Térreo) - Petrópolis - RJ - Tel.: (24) 2249-2500